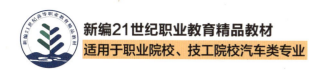

新编21世纪职业教育精品教材

适用于职业院校、技工院校汽车类专业

# 新能源汽车概论
## （微课版）

主　编◎陈伟杰　甘飘迎

副主编◎卢辉辉　彭洁宇　蔺程程

参　编◎陈楷珠　梁永子　陈晓方

　　　　麦铮敏　李　敏

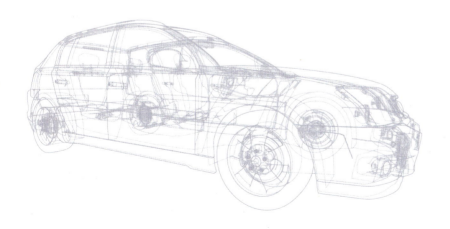

中国人民大学出版社

·北京·

图书在版编目（CIP）数据

新能源汽车概论：微课版／陈伟杰，甘飘迎主编.
北京：中国人民大学出版社，2024.12. --（新编21世
纪职业教育精品教材）. --ISBN 978-7-300-33572-8

I. U469.7

中国国家版本馆 CIP 数据核字第 2025JH3468 号

新编21世纪职业教育精品教材
适用于职业院校、技工院校汽车类专业

新能源汽车概论（微课版）

主　编　陈伟杰　甘飘迎
副主编　卢辉辉　彭洁宇　蔺程程
参　编　陈楷珠　梁永子　陈晓方　麦铮敏　李　敏
Xinnengyuan Qiche Gailun（Weikeban）

| | | | |
|---|---|---|---|
| 出版发行 | 中国人民大学出版社 | | |
| 社　　址 | 北京中关村大街31号 | 邮政编码 | 100080 |
| 电　　话 | 010 - 62511242（总编室） | 010 - 62511770（质管部） | |
| | 010 - 82501766（邮购部） | 010 - 62514148（门市部） | |
| | 010 - 62515195（发行公司） | 010 - 62515275（盗版举报） | |
| 网　　址 | http://www.crup.com.cn | | |
| 经　　销 | 新华书店 | | |
| 印　　刷 | 中煤（北京）印务有限公司 | | |
| 开　　本 | 787 mm × 1092 mm　1/16 | 版　　次 | 2024 年 12 月第 1 版 |
| 印　　张 | 13.5 | 印　　次 | 2024 年 12 月第 1 次印刷 |
| 字　　数 | 308 000 | 定　　价 | 49.00 元 |

# 前 言 >> PREFACE

近年来，各国政府纷纷出台政策扶持新能源汽车产业，以应对气候变化、改善空气质量，新能源汽车正以前所未有的速度渗透市场。据国际能源署（IEA）预测，到2030年，全球新能源汽车销量有望突破4 700万辆。在中国，新能源汽车市场更是呈现爆发式增长。据公安部统计，截至2023年底，中国新能源汽车保有量达2 041万辆。我国《新能源汽车产业发展规划（2021—2035年）》明确指出，发展新能源汽车是我国从汽车大国迈向汽车强国的必由之路，是应对气候变化、推动绿色发展的战略举措。汽车专业的学生必须掌握新能源汽车方面的基本知识和基本技能。为此，我们以中共中央办公厅、国务院办公厅印发的《关于推动现代职业教育高质量发展的意见》为指导，贯彻党的二十大精神，遵循教材建设规律、职业教育教学规律、学生成长规律，紧扣产业发展，编写了本书。

本书简要介绍了新能源汽车发展的背景、现状及趋势，主要以我国新能源汽车典型车型为例，分析了混合动力汽车、纯电动汽车、燃料电池汽车和其他新能源汽车的结构、原理，以及先进技术。同时，本书对新能源汽车的动力蓄电池及管理系统、电机驱动系统、充电技术、高压安全防护也做了较详细的阐述，并介绍了新能源汽车的使用与维护。

本书的主要特色如下：

1. 图文并茂，实用性强，具有职教特色

本书采用图文结合的方式讲解，同时，每章均设有"学习目标""课程导入""知识储备""课后测评"等模块，激发学生的学习兴趣，引导学生积极参与课堂教学，并合理评价学习效果。

2. 与时俱进，紧扣产业发展，融入新技术

本书紧扣产业发展，依据新能源汽车行业最新标准与最新典型车型进行编写，融入了最新的新能源汽车技术，让学生了解新能源汽车的最新发展趋势。

3. 配套资源丰富

本书配有电子教案、电子课件和相关教学视频等，配套资源丰富，便于实施教学。学生可通过扫描书中二维码获取电子资源。

本书由云浮市中等专业学校陈伟杰、甘飘迎担任主编，由普宁职业技术学校卢辉辉、蔺程程和云浮市中等专业学校彭洁宇担任副主编，韶关市曲江区职业技术学校陈楷珠、普宁职业技术学校梁永子、始兴县中等职业学校陈晓方、台山市敬修职业技术学校麦铮敏和

福州第二技师学院李敏参与编写。全书由陈伟杰统稿。

在本书的编写过程中，编者查阅了大量的书籍、文献和资料，引用了一些网上资源和参考文献中的部分内容，在此特向这些内容的作者表示衷心的感谢。

由于新能源汽车技术的飞速发展，同时，编者水平有限，书中难免有错误和疏漏之处，敬请广大专家和读者批评指正！

编　者

# 微课二维码索引

续表

| 序号 | 名称 | 图案 | 页码 | 序号 | 名称 | 图案 | 页码 |
|---|---|---|---|---|---|---|---|
| 9 | 并联式混合动力汽车 | | 45 | 21 | 电动汽车高压安全防护设计 | | 143 |
| 10 | 混联式混合动力汽车 | | 47 | 22 | 高压安全防护用具 | | 145 |
| 11 | 混合动力汽车的驱动方式 | | 52 | 23 | 新能源汽车常见指示灯和警告灯识读 | | 159 |
| 12 | 纯电动汽车的结构 | | 66 | 24 | 电动汽车火灾事故的处理方法 | | 172 |

# 目 录 >> CONTENTS

# 第一章

# 新能源汽车总体认知

##  学习目标

**知识目标**：1. 掌握新能源汽车的概念。
2. 了解新能源汽车的常见类型和技术特征。
3. 了解新能源汽车的发展背景。
4. 了解新能源汽车的发展现状和发展趋势。

**能力目标**：1. 具备利用互联网等资源查询新能源汽车发展现状相关信息的能力。
2. 具备利用互联网等资源查询新能源汽车发展趋势相关信息的能力。

**素养目标**：1. 培养良好的工匠精神和职业素养。
2. 培养安全意识及团队协作精神。

## 建议学时

4个学时。

## 课程导入

近年来，随着环境压力的不断增大及石油资源的日益匮乏，发展新能源汽车已经成为国家战略发展的重要方向。与其他国家相比，我国具备发展新能源汽车的优势，我国人口众多，资源丰富，经济发展较快，而汽车拥有量却相对较少，新能源汽车的潜在市场空间巨大，同时拥有良好的国际国内环境，技术上已经具备比较好的基础，前期小规模示范与国外发展经验为我国新能源汽车的发展提供了有益的借鉴。

## 知识储备

### 第一节 新能源汽车的定义与技术特征

#### 一、新能源汽车的定义

依据2020年工业和信息化部发布的修订后的《新能源汽车生产企业及产品准入管理规定》第三条的规定，新能源汽车是指采用新型动力系统，完全或者主要依靠新型能源驱动的汽车，包括插电式混合动力（含

新能源汽车的
定义

增程式）汽车、纯电动汽车和燃料电池汽车等。

## 二、新能源汽车的种类和技术特征

新能源汽车主要包括插电式混合动力（含增程式）汽车、纯电动汽车、燃料电池汽车和其他清洁能源汽车等。

### （一）插电式混合动力（含增程式）汽车

#### 1. 定义

国家标准《电动汽车术语》（GB/T 19596-2017）规定，混合动力汽车（Hybrid Electric Vehicle，HEV）是指能够至少从下述两类车载储存的能量中获得动力的汽车：①可消耗的燃料；②可再充电能／能量储存装置。插电式混合动力汽车是在正常使用情况下可从非车载装置中获取电能的混合动力电动汽车。增程式混合动力电动汽车则是一种配有充电插口和具备车载供电功能的纯电能驱动的特殊类型的混合动力汽车。

#### 2. 技术特征

插电式混合动力汽车既有传统汽车的发动机、变速器、传动系统、油路、油箱等，也有电动汽车的动力蓄电池、电机和控制电路等，而且动力蓄电池容量相对较大，还有充电接口，可以外部充电，可以用纯电模式行驶，动力蓄电池电量耗尽后再以混合动力模式（以发动机为主）行驶，并适时向动力蓄电池充电。

增程式混合动力汽车在配备车载电池的同时还配备一个较小排量的发动机，但发动机不做动力输出。这类车通过消耗车载储存的电能来行驶，当系统判断电量低于一定储备时，配备的发动机会起动为车载电池充电，从而起到增加行驶里程（增程）的作用。

#### 3. 典型车型

比亚迪唐 DM-i 荣耀版是一种典型的插电式混合动力汽车，如图 1-1-1 所示。其200KM 旗舰型采用骁云插混专用涡轮增压 1.5Ti 高效发动机，发动机最大功率达 102kW，采用交流永磁同步电机，前电机最大功率为 160kW，采用超级混动专用功率型刀片电池，综合工况纯电续驶里程为 200km，综合工况亏电油耗为 5.5L/100km，0 至 50km/h 加速时间为4.3s。

理想 L9 Max 是一种典型的增程式混合动力汽车，如图 1-1-2 所示。该车型采用52.3kW·h 三元锂电池，1.5T 四缸增程器，CLTC 综合工况续驶里程为 1 412km，CLTC综合工况电池续驶里程为 280km，采用双电机智能四驱系统，动力系统总功率达 330kW，0 至 100km/h 加速时间为 5.3s。

图 1-1-1　比亚迪唐 DM-i 荣耀版

图 1-1-2　理想 L9 Max

### （二）纯电动汽车

#### 1. 定义

国家标准《电动汽车术语》（GB/T 19596-2017）规定，纯电动汽车（Battery Electric Vehicle，BEV）是指驱动能量完全由电能提供的、由电机驱动的汽车。电机的驱动电能来源于车载可充电储能系统或其他能量储存装置。

#### 2. 技术特征

（1）用动力蓄电池加电机的方式来驱动汽车。

（2）需要外部电网对车辆进行充电来续航车辆的行驶里程。

（3）延续使用传统汽车的大部分系统或部件。

（4）实现零排放，对环境保护和空气洁净起到积极作用。

#### 3. 典型车型

纯电动汽车的车型主要有比亚迪汉 EV 荣耀版、蔚来 ET7 等。

比亚迪汉 EV 荣耀版天神之眼四驱智驾型汽车（见图 1-1-3）采用两个交流永磁同步电机，前电机最大功率为 180kW，后电机最大功率为 200kW，系统综合最大功率达 380kW，采用比亚迪刀片电池，续驶里程达 610km，0 至 100km/h 加速时间为 3.9s。

蔚来 ET7（见图 1-1-4）采用高性能四驱动力系统，前电机为 180kW 碳化硅永磁同步电机，后电机为 300kW 感应电机，采用 75kW·h 液冷恒温电池包，0 至 100km/h 加速时间为 3.8s，百公里最短制动为 33.5m，具备创新的智能驾驶感知系统，有强大的智能算力平台。

**图 1-1-3　比亚迪汉 EV 荣耀版天神之眼四驱智驾型汽车**　　　　**图 1-1-4　蔚来 ET7**

### （三）燃料电池汽车

#### 1. 定义

燃料电池汽车（Fuel Cell Electric Vehicle，FCEV）是指动力系统主要由燃料发动机、燃料箱（氢瓶）、电机和动力蓄电池等组成，采用燃料电池发电作为主要能量源，通过电机驱动的汽车。

#### 2. 技术特征

（1）绿色环保。燃料电池汽车使用的燃料是氢和氧，生成物是清洁的水，零排放，不污染环境。

（2）能量转换率高。燃料电池汽车的电能直接通过化学反应产生，无热能转换过程，实际能量转换效率高达 60%～80%，为内燃机的 2～3 倍。

（3）燃料来源广泛。燃料电池汽车的氢燃料可以从再生能源获得，不依赖石油燃料。

（4）运行平稳、低噪声。燃料电池汽车无热机工作的噪声，也无机械传动的噪声和震动，有运行平稳、低噪声的优点。

### 3. 典型车型

燃料电池汽车的典型车型主要有上汽荣威950 Fuel Cell、东风氢舟$H_2 \cdot e$等。

在2014年的北京车展上，上汽乘用车发布了一款荣威950 Fuel Cell插电式氢燃料电池轿车，如图1-1-5所示。该车基于荣威950打造，搭载有可外接充电的电池包和氢燃料电池双动力源系统。电池包续驶里程为30km，两个储氢罐布置在整车尾部，容量为4.34kg，能支持整车400km的续驶里程，整车总共续驶里程可达430km。其燃料电池功率仅为36kW，可在-20℃的环境下正常起动与行驶。

**图1-1-5　上汽荣威950 Fuel Cell插电式氢燃料电池轿车**

2021年，国家重点研发计划"全功率燃料电池乘用车动力系统平台及整车开发"项目综合绩效评价顺利验收，这就是东风自主开发的国内首款全功率燃料电池乘用车"东风氢舟$H_2 \cdot e$"，如图1-1-6所示。东风氢舟$H_2 \cdot e$搭载80kW燃料电池系统，即便是在-30℃的环境下也能快速起动；加氢3min，续驶里程能达到500km；百公里耗氢量仅为0.751kg。

**图1-1-6　东风氢舟$H_2 \cdot e$**

### （四）其他清洁能源汽车

#### 1. 燃气汽车

目前，在车用内燃机上使用的气体燃料有天然气、液化石油气（Liquefied Petroleum Gas，LPG）、沼气、焦炉煤气、高炉煤气、氢气等，其中以压缩天然气（Compressed Natural Gas，CNG）和液化石油气为主，故常用的燃气汽车有压缩天然气汽车（CNGV）、液化天然气汽车（LNGV）、液化石油气汽车（LPGV）等。

### 2. 醇类燃料汽车

醇类燃料是液体燃料，主要是指甲醇和乙醇，可以沿用传统的石油燃料的运输、储存系统，相关的基础设施建设投入少，因而是一种很有发展前途的代用燃料。醇类燃料汽车主要有甲醇汽车、乙醇汽车和生物柴油汽车。

### 3. 太阳能汽车

太阳能汽车是利用太阳能电池将太阳能转换为电能，并利用该电能作为能源驱动行驶的汽车。与传统内燃机驱动的汽车不同，太阳能汽车真正实现了 100% 的零排放，并且能源取之不尽。

## 第二节　新能源汽车的发展背景

汽车的诞生给人类的社会生活带来了很大的便利。随着时代的发展，汽车对气候变暖、环境污染及能源危机的影响是汽车行业无法回避的问题，对此，各国政府和产业界都提出了各自的发展战略来积极应对，新能源汽车因此成为 21 世纪汽车产业的发展方向。

### 一、汽车对环境污染的影响

伴随着我国国民经济的持续快速发展，城市大气污染问题日益突出，而机动车的尾气排放是导致市区大气污染的首要污染源。许多国家的大中城市的空气污染有 50% 以上来源于汽车尾气。目前，绝大多数汽车采用的发动机是内燃机，而内燃机燃烧燃料产生的尾气的主要成分有一氧化碳（CO）、氮氧化物（NOx）、碳氢化合物（HC）、光化学烟雾、铅化物和碳烟颗粒物（PM）等。这些有害物质会导致人类呼吸道疾病、生理机能障碍及鼻黏膜组织病变、急性污染中毒，甚至会导致心脏病患者因病情恶化而猝死。同时，其中所含的多种致癌物质进入人体还会产生持续刺激，可能引发癌症。

| 中国力量 |

碳中和：中国对世界的巨大自主贡献

### 二、汽车对能源危机的影响

自汽车诞生以来，汽车消耗的能源物质主要是石油。石油是由千百万年以前的古生物在地壳运动中埋入地下，逐级演变而成的有机碳氢化合物的混合物。因此，石油资源是有限的不可再生资源。汽车消耗着大量的石油，约占石油总消耗量的 45%。近年来我国汽车产业发展迅速，已成为全球第一大汽车市场。从 2009 年起，我国汽车销量稳居全球第一，汽车保有量增加的同时对石油的需求也在增加。我国原油需求量明显大于产量，每年都需要大量进口原油。据统计，2023 年我国汽车的原油需求量为 1 640 万桶/日，2023 年我国进口石油原油 5.6 亿吨。

我国经济的高速发展，推动了能源需求的快速增长。在石油进口

| 创新强国 |

中国成功研发人造汽油：能源独立的突破与全球影响

依存度持续上升的情况下，国际石油价格直接影响我国的能源安全、经济安全乃至国家安全。

### 三、发展新能源汽车的现实意义

随着国家的发展和汽车行业的竞争，新能源汽车企业面临着一定的挑战，因此，也迫使新能源汽车行业不断提升技术水平，降低生产成本。对于我国而言，发展新能源汽车具有十分重要的现实意义。

#### （一）改善空气质量，降低环境污染

2010年11月，环境保护部发布《中国机动车污染防治年报（2010年度）》，公布了机动车污染物排放的情况，明确表明了我国大中城市空气污染的主要来源是机动车尾气排放。相对于传统汽车而言，新能源汽车可以说是一种"零排放"汽车，无直接排放污染物。另外，纯电动汽车产生的噪声也低，因此，大规模使用新能源汽车也将大幅度降低城市噪声。

#### （二）减少能源消耗，优化能源消费结构

据统计，我国石油储量仅占世界石油储量的2%～3%，从1993年开始我国逐步成为世界最主要石油进口国，2021年我国汽车的原油需求量已超过7亿吨，成为世界第二大石油消费国。因此，大力发展新能源汽车产业，能降低我国对石油的依赖，从而有利于减少能源的消耗，优化能源消费结构，保障我国的能源安全和经济发展。

#### （三）提高能源利用率

无论是从经济水平还是从能源消费来看，我国已成为世界上经济实力大国和能源消费大国。但是，反映一个国家能源发展水平的并不是能源消费总量，而是能源利用率。据测算，传统燃油从开采到汽车利用的平均能源利用率仅为14%左右，采用新能源汽车（混合动力技术）能源利用率能提高30%以上。因此，我国要成为一个能源强国，就要大力发展新能源产业，因为新能源产业有利于提高我国能源利用率。

#### （四）新能源汽车是汽车强国的重要组成部分

结合我国国情和国家发展战略，加快发展新能源汽车产业化进程，不仅能够促进交通领域节能减排和汽车工业可持续发展，而且还能提升汽车生产制造企业的创新能力，促进汽车工业技术进步，推动汽车产业结构调整，是我国成为汽车强国的重要战略举措。

## 第三节　新能源汽车的发展现状和发展趋势

### 一、新能源汽车的发展现状

由于气候变暖、环境污染、能源危机等原因，新能源汽车的开发早已引起了全球汽车

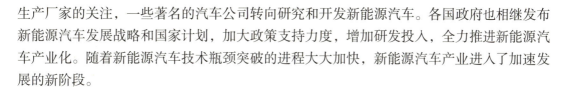

生产厂家的关注，一些著名的汽车公司转向研究和开发新能源汽车。各国政府也相继发布新能源汽车发展战略和国家计划，加大政策支持力度，增加研发投入，全力推进新能源汽车产业化。随着新能源汽车技术瓶颈突破的进程大大加快，新能源汽车产业进入了加速发展的新阶段。

### （一）国外新能源汽车的发展现状

从1834年第一辆电动汽车诞生至今，新能源汽车已经走过了将近200年的历程。经过近两个世纪的曲折发展，新能源汽车在种类、技术、市场占有率上都得到空前的成就。作为新能源汽车的细分，纯电动汽车、混合动力汽车和燃料电池汽车主导着新能源汽车的发展进程，受到了广泛的关注。

#### 1. 纯电动汽车的发展现状

美国是纯电动汽车起步较早的国家，近几年纯电动汽车市场正处于快速增长的阶段。2021年美国纯电动汽车销售量达到了约48.8万辆。越来越多的汽车制造商投资和推出纯电动汽车，特斯拉在美国市场占据了主导地位，而其他制造商（如福特、通用汽车、雪佛兰等）也在加大对纯电动汽车的投资和推广。

从欧洲市场看，法国、英国和德国等国家纯电动汽车的销量也有所增加。2023年法国、英国和德国纯电动汽车的销量分别为29.85万辆、31.5万辆和52.4万辆。目前，与传统的汽车性能、成本相比，纯电动汽车要满足产业化要求，其动力蓄电池的质量能量密度需要大幅提高，成本也需大幅下降。

#### 2. 混合动力汽车的发展现状

日本最早研发混合动力汽车，并最先实现了产业化。混合动力汽车在日本汽车市场中的份额逐年增长，2023年混合动力汽车的销量为342万辆。丰田和本田等日本汽车制造商在混合动力汽车领域占据主导地位。丰田的混合动力汽车品牌PRIUS在日本市场非常受欢迎，本田推出了混合动力汽车Accord Hybrid和CR-V Hybrid等型号。

关于混合动力汽车，欧美各国起步相对较晚，但近年来，美、德等汽车工业强国先后发布了关于推动包括混合动力汽车在内的新能源汽车产业发展的国家计划。2021年8月，美国发布了新能源汽车发展新目标，即到2030年，零排放汽车将占美国乘用车和轻卡新车销量的50%，包括纯电动汽车、插电式混合动力汽车和燃料电池汽车。德国政府2022年1月提出了"2030年1 500万辆电动汽车（包括纯电动汽车和混合动力汽车）上路"的目标，德国将进入新能源汽车时代。

#### 3. 燃料电池汽车的发展现状

日本在燃料电池汽车方面，以燃料电池乘用车为主，其代表性车型为丰田Mirai和本田Clarity。截至2022年底，丰田Mirai全球总销量达到21 864辆，其中在日本本土销量为7 466辆。

截至2022年底，韩国燃料电池汽车保有量达到29 369辆，在全球燃料电池汽车保有量中排名第一。从车型来看，截至2022年11月，韩国现代NEXO燃料电池汽车全球总销量达32 416辆。据2019年1月韩国政府发布的《氢能经济发展路线图》显示，若发展顺利，2040 年氢能及燃料电池产业将创造出 43 万亿韩元的年附加值和 42 万个就业岗位。

由于燃料电池汽车技术的战略意义十分重大，世界各发达国家和地区都在潜心致力于燃料电池汽车的研究，美国通用与日本丰田、美国国际燃料电池公司与日本东芝、德国奔驰与西门子、法国雷诺与意大利 De Nora 公司等纷纷组成强大的跨国联盟，优势互补，联合开发并推出了一系列燃料电池汽车。

### （二）国内新能源汽车的发展现状

我国从"十五"时期开始实施新能源汽车科技规划，产销增长快速。据公安部统计，截至 2023 年底，我国新能源汽车保有量达 2 041 万辆，占汽车总量的 6.07%；其中纯电动汽车保有量为 1 552 万辆，占新能源汽车保有量的 76.04%。

中国汽车工业协会发布数据显示，2024 年 1—2 月，新能源汽车国内销量达 102.5 万辆，同比增长 34.3%。

#### 1. 纯电动汽车的发展现状

我国纯电动汽车虽然起步晚，但纯电动汽车研究一直是国家计划项目，并在 2001 年设立了"电动汽车重大科技专项"，集中各方面力量进行联合攻关，现正处于研发势头强劲阶段，部分技术已经赶超世界先进水平。

2012 年 7 月 9 日，国务院正式发布了《节能与新能源汽车产业发展规划（2012—2020 年）》，明确以纯电动汽车为新能源汽车发展和汽车工业转型的主要战略取向。2020 年 10 月 27 日，由工业和信息化部指导、中国汽车工程学会组织编制的《节能与新能源汽车技术路线图 2.0》在上海发布，强调坚持纯电驱动发展，同时又对混合动力汽车、燃料电池汽车的发展目标进行了明确。

#### 2. 混合动力汽车的发展现状

1997 年 1 月 27 日，国家专利局受理了我国第一个有关混合动力汽车的专利申请（"混合动力"这个中文名词及技术概念也是第一次使用），并于 1998 年 7 月 7 日给予授权并公开。由于受到当时我国经济发展水平和制造业条件的限制，这个新概念和技术没有机会在我国发展起来。我国各大汽车集团不断进行混合动力汽车的研发，多数以混合动力客车为主。2019 年，插电式混合动力汽车燃料消耗量达到 4.3L/100km，提前实现了 5L/100km 的目标。

#### 3. 燃料电池汽车的发展现状

在国家"863"计划、"十五规划"的电动汽车重大科技专项与"十一五规划"节能与新能源汽车重大项目的支持下，通过产学研联合研发团队的刻苦攻关，我国的燃料电池汽车技术研发取得重大进展，初步掌握了整车、动力系统与核心部件的关键技术，基本建立了具有自主知识产权的燃料电池轿车与燃料电池城市客车动力系统技术平台，初步形成了燃料电池发动机、动力蓄电池、DC/DC 变换器、驱动电机、供氢系统等关键零部件的配套研发体系，实现了百辆级动力系统与整车的生产能力。公开数据显示，截至 2022 年底，我国氢燃料电池汽车保有量达 12 682 辆，是全球燃料电池商用车保有量最高的国家。

## 二、新能源汽车的发展趋势

随着汽车技术的发展，在全球范围内，新能源汽车将逐步代替传统汽车成为汽车行业的新主流，这是汽车行业发展的一个崭新趋势。

我国《节能与新能源汽车技术路线图2.0》确认了全球汽车技术"低碳化、信息化、智能化"的发展方向，并以2035年为节点，提出了我国汽车产业发展的六大目标，新能源汽车将逐渐成为主流产品，汽车产业基本实现电动化转型，同时明确了新能源汽车的发展目标：2035年，新能源汽车成为国内汽车市场主流（占总销量的50%以上），氢燃料电池汽车保有量达到约100万辆，混动新车在传统能源乘用车中的占比将达到100%，国内节能汽车届时将实现全面混动化。换言之，2035年，国内乘用车市场上，节能汽车和新能源汽车的年销量将各占50%。

2020年11月，国务院办公厅印发的《新能源汽车产业发展规划（2021—2035年)》提出，要提高技术创新能力，深化"三纵三横"研发布局，以纯电动汽车、插电式混合动力（含增程式）汽车、燃料电池汽车为"三纵"，布局整车技术创新链；以动力蓄电池与管理系统、驱动电机与电力电子、网联化与智能化技术为"三横"，构建关键零部件技术供给体系。

为保证新能源汽车规划的顺利实施，国家层面将形成产业间联动的新能源汽车自主创新发展规划，设立新能源汽车示范与产业创新基金，并推行一系列新能源汽车财税鼓励政策，以及企业平均燃料消耗量核算时的奖励政策；支持形成新能源技术创新联盟，搭建产业共性技术平台和加大对关键核心技术的研发支持等；形成新能源汽车与智能网联汽车智能电网，智慧城市建设及关键部件、材料等的协同发展机制。

### 本章小结

新能源汽车是指采用新型动力系统，完全或者主要依靠新型能源驱动的汽车，包括插电式混合动力（含增程式）汽车、纯电动汽车、燃料电池汽车和其他新能源汽车等。

纯电动汽车是指驱动能量完全由电能提供、由电机驱动的汽车。

混合动力汽车是指能够至少从下述两类车载储存的能量中获得动力的汽车：可消耗的燃料；可再充电能/能量储存装置。插电式混合动力汽车是在正常使用的情况下可从非车载装置中获取电能的混合动力汽车。增程式混合动力汽车则是一种配有充电插口和具备车载供电功能的纯电能驱动的特殊类型的混合动力汽车。

燃料电池汽车是指动力系统主要由燃料发动机、燃料箱（氢瓶）、电机和动力蓄电池等组成，采用燃料电池发电作为主要能量源，通过电机驱动的汽车。

其他清洁能源汽车有燃气汽车、醇类燃料汽车和太阳能汽车等。

我国新能源汽车发展规划采取"三纵三横"研发布局，以纯电动汽车、插电式混合动力（含增程式）汽车、燃料电池汽车为"三纵"，布局整车技术创新链；以动力蓄电池与管理系统、驱动电机与电力电子、网联化与智能化技术为"三横"，构建关键零部件技术供给体系。

第二章

# 新能源汽车的关键技术

## 学习目标

**知识目标：** 1.掌握动力蓄电池的类型与特点。

2.掌握动力蓄电池管理系统的结构组成。

3.了解动力蓄电池的性能指标。

4.了解动力蓄电池管理系统的控制策略。

5.掌握电机驱动系统的结构组成。

6.了解驱动电机的类型与特点。

7.掌握电机控制器的作用和组成。

8.了解电机控制器的控制策略。

**能力目标：** 1.具有识别动力蓄电池管理系统各个部件的能力。

2.具有识别电机驱动系统各个部件的能力。

3.具有查找资料、文献等获取信息的能力。

**素养目标：** 1.培养良好的分析问题和解决问题的能力。

2.培养沟通能力及团队协作精神。

3.培养6S管理执行力。

## 建议学时

6个学时。

## 课程导入

新能源汽车的关键核心一定不是体现在自动驾驶、智能座舱、内饰屏幕上，真正体现车企造车技术的是"三电"技术，即动力蓄电池及管理技术、驱动电机及控制技术和整车控制技术。新能源汽车的发展也与"三电"技术的发展息息相关，如车辆的续航问题、车辆的动力性、车辆的综合安全性等。本章将为大家介绍动力蓄电池及管理技术和驱动电机控制技术。

🚗 知识储备

## 第一节 动力蓄电池及管理系统

动力蓄电池及管理系统是推动新能源汽车发展的关键技术之一，随着宁德时代、比亚迪等电池制造厂商的崛起，动力蓄电池的综合性能与管理系统的控制策略被越来越多的人关注。通过以下课程的学习，相信同学们会对动力蓄电池及管理系统有全面的认识。

### 一、动力蓄电池

#### （一）电池概述

##### 1. 电池的作用与分类

电池（Battery）是指盛有电解质溶液和金属电极以产生电流的杯、槽、其他容器或复合容器的部分空间，能将化学能转化成电能的装置。随着科技的进步，电池泛指能产生电能的小型装置。

电池的作用分为两部分：一部分是能量转换；另一部分是能量储存。电池通过化学反应产生电能，从而提供给电子设备和机器使用。电池还能储存电能，当电子设备和机器需要电能时，电池就能提供给它们使用。而新能源汽车上提供电能的电池通常称为动力电池或动力蓄电池。

电池可以分为化学电池、物理电池和生物电池三类，如图 2-1-1 所示。

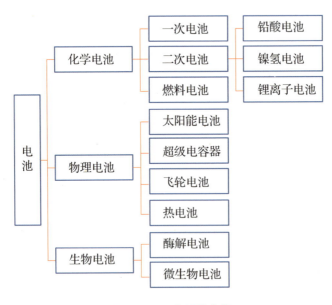

图 2-1-1 电池的分类

化学电池是一种能将化学能直接转变成电能的装置，它通过化学反应，消耗某种化学物质，输出电能。化学电池按照其使用性质可分为三类：一次电池、二次电池、燃料电池。其中，二次电池是可以反复使用、放电后可以充电使活性物质复原，以便再重新放电的电池，也称蓄电池。蓄电池广泛应用于汽车行业，可分为铅酸电池、镍氢电池、锂离子电池等。燃料电池则应用于燃料电池汽车、航天、军事通信等领域。

物理电池，顾名思义，就是依靠物理变化来提供、储存电能的电池，如太阳能电池、超级电容器、飞轮电池等都属于物理电池。

生物电池是指将生物质能直接转化为电能的装置，如微生物电池、酶解电池等。在蓬勃发展的新能源汽车行业已经把目光聚焦到生物电池上，生物电池被视为未来新能源汽车电池的重要发展方向之一。

**2. 电池的性能指标**

电池的性能指标主要有电压、容量、能量、内阻、充放电速率、寿命和自放电率等。通常根据电池的应用需求选择不同种类的电池。

（1）电压。

电压分为电动势、额定电压、开路电压、工作电压和终止电压等。

1）电动势：指两个电极的平衡电极电位之差。

2）额定电压：指电池在常温下的典型工作电压，又称标称电压。例如，铅酸电池为2V，镍氢电池为1.2V，锂离子电池为3.6V。

3）开路电压：指电池在开路状态下的端电压。

4）工作电压：指电池在正常工作时，其两端的实际放电电压，通常是指一个电压范围。例如，铅酸电池的工作电压为1.8～2V；镍氢电池的工作电压为1.1～1.5V；锂离子电池的工作电压为2.75～3.6V。

5）终止电压：指电池放电时，电压下降到电池不宜再继续放电的最低工作电压值。

（2）容量。

容量指电池在充足电以后，在一定的放电条件下所能释放出的电量，以符号C表示，其单位为安时（A·h）或毫安时（mA·h）。容量与放电电流大小有关，与充放电截止电压也有关。

（3）能量。

电池的能量是指在一定的放电制度下，电池所能输出的电能，其单位通常用瓦时（W·h）。电池的能量反映了电池做功能力的大小，也是电池放电过程中能量转换的量度。对于新能源汽车来说，电池的能量大小直接影响新能源汽车的行驶距离。

（4）内阻。

内阻是指电池在工作时，电流流过电池内部所受到的阻力。电池在短时间内的稳态模型可以看作一个电压源，其内部阻抗等效为电压源的内阻，内阻大小决定了电池的使用效率。内阻是决定电池性能的一个重要指标，它直接影响电池的工作电压、工作电流、输出的能量和功率，对于电池来说，其内阻越小越好。

（5）充放电速率。

充放电速率有时率和倍率两种表示方法。时率是以充放电时间表示的充放电速率，数值上等于电池的额定容量（A·h）除以规定的充放电电流（A）所得的小时数。充放电速率对电池性能的影响较大。

（6）寿命。

储存寿命指从电池制成到开始使用之间允许存放的最长时间，以年为单位。包括储存期和使用期在内的总期限称为电池的有效期。储存电池的寿命有干储存寿命和湿储存寿命之分。循环寿命是电池在满足规定的条件下所能达到的最大充放电循环次数。

（7）自放电率。

自放电率指电池在存放过程中容量自行损失的速率，用单位储存时间内自放电损失的容量占储存前容量的百分数表示。

### （二）铅酸电池

法国人普兰特于 1859 年发明铅酸电池，铅酸电池在理论研究、产品种类及电气性能等方面都得到了长足的进步，无论是在交通、通信、电力、军事还是在航海、航空各个经济领域，铅酸电池都起到了不可缺少的重要作用。

#### 1. 结构

铅酸电池是正极活性物质使用二氧化铅，负极活性物质使用铅，并以硫酸溶液为电解液的蓄电池。铅酸电池主要由极柱、极板、隔板、电解液、壳体等构成。铅酸电池的结构如图 2-1-2 所示。

（1）极板。

极板是铅酸电池的核心部分，铅酸电池充、放电的化学反应主要是依靠极板上的活性物质与电解液进行的。极板分为正极板和负极板，均由栅架和活性物质组成。栅架一般由铅锑合金铸成，具有良好的导电性、耐蚀性和一定的机械强度。它的作用是固结活性物质。正极板上的活性物质是二氧化铅（$PbO_2$），呈深棕色；负极板上的活性物质是海绵状的纯铅（$Pb$），呈青灰色。将活性物质调成糊状填充在栅架的空隙里并进行干燥处理即形成极板，如图 2-1-3 所示。

（2）隔板。

隔板是置放于电池正负极中间的一个隔离介质，是防止电池正负极直

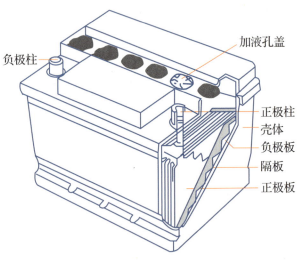

图 2-1-2 铅酸电池的结构

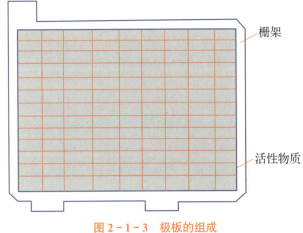

图 2-1-3 极板的组成

接接触而短路的装置。隔板应耐酸并具有多孔性，以利于电解液的渗透。常用的隔板材料有木质、微孔橡胶和微孔塑料等。

（3）电解液。

铅酸电池的电解液是用蒸馏水配制的稀硫酸。电解液在充放电时起到在正负极间传输离子的作用，因而电解液必须没有杂质。

（4）壳体。

壳体是电池包覆的容器，电解液和极板均在容器内，主要起支撑作用，同时防止内部物质外溢，外部物质进入内部结构污染电池。壳体应该耐酸、耐热、抗震。

### 2. 工作原理

铅酸电池的工作原理就是电能和化学能之间的相互转化，即正负极板上的活性物质与硫酸之间的电化学反应。

当铅酸电池的正、负极板浸入电解液中时，在正、负极板间就会产生约 2.1V 的静止电动势，此时若接入负载，在电动势的作用下，电流就会从电池的正极经外电路流向电池的负极，这一过程称为放电。铅酸电池的放电过程是化学能转变为电能的过程，如图 2-1-4 所示。

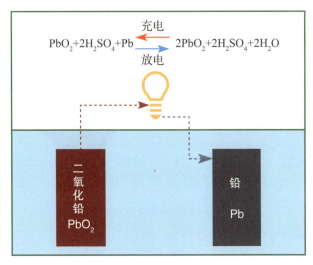

图 2-1-4　铅酸电池的工作原理

放电时，正极板上的二氧化铅和负极板上的铅，都与电解液中的硫酸反应生成硫酸铅，沉附在正、负极板上。放电过程中，电解液中的硫酸不断减少，密度下降。

充电时，铅酸电池的正、负极分别与直流电源的正、负极相连，当充电电源的端电压高于铅酸电池的电动势时，在电场的作用下，电流从电池的正极流入，负极流出，这一过程称为充电。铅酸电池的充电过程是电能转换为化学能的过程。

充电时，正、负极板上的硫酸铅还原成二氧化铅和铅，电解液中的硫酸增多，密度变大。

### 3. 特点及应用

铅酸电池具有结构简单、价格便宜、内阻小、电压稳定、安全性强、性价比高、安装维护简单、可以短时间供给起动机强大的起动电流等优点，但其比容量小，使用寿命相对较短，所占的体积和质量太大，且自放电率高，并不满足新能源汽车的发展需求。铅酸电池广泛地应用于传统的内燃机车辆中，作为汽车电源为起动机、灯光、仪表、音响等电气设备提供电能。

### （三）镍氢电池

镍氢电池

镍氢电池是20世纪90年代发展起来的一种新型绿色电池。早在20世纪60年代，人们就发现了一种新型功能材料——储氢合金。储氢合金在一定的温度和压力条件下可释放大量的氢，因此被人们形象地称为"吸氢海绵"。其中，有些储氢合金可以在强碱性电解质溶液中反复充放电并长期稳定存在，从而为我们提供了一种新型负极材料，并在此基础上诞生了镍氢电池。迄今为止，已开发出了圆形和方形的混合动力汽车用的镍氢电池，如图2-1-5所示。

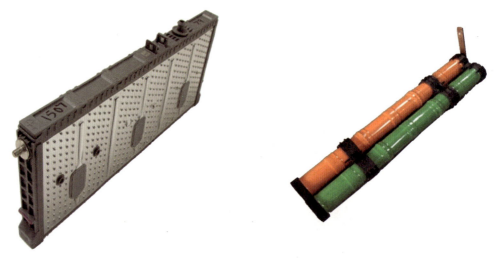

图2-1-5 混合动力汽车用的镍氢电池

#### 1. 结构

镍氢电池主要由正极板、负极板、隔膜和电解液等组成。其中，正极和负极分别由活性材料和导电材料组成，隔膜是一种阻止正、负极直接接触的物质，而电解液则是使正、负极之间产生化学反应的媒介。镍氢电池的具体结构如图2-1-6所示。

（1）正极板。

镍氢电池的正极板主要由氢化合物材料和导电剂组成。其中，氢化合物材料通常为钴、镍等过渡金属与稀土金属的合金，这些合金能够与水素发生反应产生热，并释放出大量的电子。导电剂是为了增强正极材料的导电性能，常见的导电剂有炭黑、铜粉等。

（2）负极板。

镍氢电池的负极板主要由氢化物和导电剂组成。其中，氢化物通常为钛、锆等金属，这些金属能够吸收水素分子并形成氢化物。导电剂的作用和材料与正极板相同。

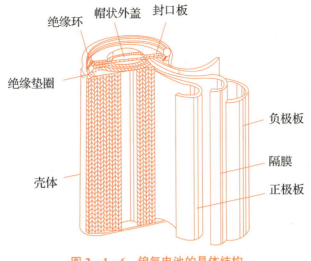

图 2 - 1 - 6　镍氢电池的具体结构

（3）隔膜。

镍氢电池的隔膜主要由聚乙烯或其他合成材料制成，它具有良好的阻隔性能和机械强度，可以防止正、负极直接接触而短路。

（4）电解液。

镍氢电池的电解液通常为含有碱性金属离子（如钠离子）和水素离子（$H^+$）的溶液。在充放电过程中，水素离子会与正极上的氢化合物发生反应，释放出水和电子，并将自身还原为氢分子。

### 2. 工作原理

镍氢电池的正极活性物质为 Ni（OH）$_2$（也称为 NiO 电极），负极活性物质为金属氢化物，也称为储氢合金（电极称为储氢电极），电解液为氢氧化钾溶液。镍氢电池的工作原理如图 2 - 1 - 7 所示。

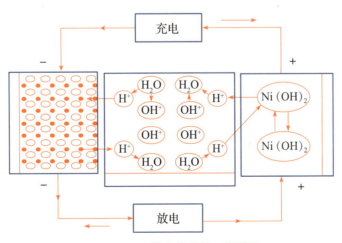

图 2 - 1 - 7　镍氢电池的工作原理

充放电化学反应如下：

正极：Ni（OH）$_2$+OH$^-$=NiOOH+H$_2$O+e$^-$

负极：M+H$_2$O+e$^-$=MHab+OH$^-$

总反应：Ni（OH）$_2$+M=NiOOH+MH

注：反应式从左到右的过程为充电过程；反应式从右到左的过程为放电过程。

### 3. 特点及应用

镍氢电池具有能量密度高、无记忆效应、耐过充过放能力强、无污染等特点，被称为绿色电池，具有以下的优点：

（1）功率性能好。镍氢电池内部使用了大量的金属材料，导电性能良好，可以适应大功率放电。

（2）应用比较成熟。目前商业化的混合动力汽车，如丰田的 PRIUS、本田的 Insight 使用的均为镍氢电池。

（3）循环寿命高。目前应用在新能源汽车上的镍氢动力蓄电池组，80% 放电深度循环可以达到 1 000 次以上，为铅酸电池的 3 倍以上，100% 放电深度循环寿命也在 500 次以上，在混合动力汽车上可以使用 5 年以上。

但镍氢电池也有一些缺点：

（1）比能量较低。镍氢电池的比能量一般为 50～70W·h/kg，虽然是铅酸电池的 2～3 倍，但与锂离子电池相差较大。

（2）自放电率高。在常用的铅酸电池、镍氢电池、锂离子电池中，镍氢电池的自放电率是比较高的。

（3）材料成本高。镍氢电池中使用了大量较贵重的金属，如镍、钴等，电池原材料成本比较高。

## （四）锂离子电池

锂离子电池

20 世纪 70 年代，英国科学家斯坦利·惠廷厄姆采用硫化钛作为正极材料，金属锂作为负极材料，制成首个锂离子电池。1991 年，索尼公司发布首个商用锂离子电池。随后，锂离子电池革新了消费电子产品的面貌。1996 年，约翰·古德诺发现磷酸铁锂（LiFePO$_4$）比传统的正极材料更具安全性，尤其耐高温、耐过充电性能远超传统锂离子电池材料。因此，磷酸铁锂已成为当前主流的大电流放电的动力锂离子电池的正极材料。如今，我国的动力蓄电池制造厂商逐渐在国际舞台上彰显出不同的风采。

### 1. 结构

锂离子电池主要由正极、负极、电解液、隔膜和壳体构成。其中，正极材料、负极材料、电解质、隔膜被称为锂离子电池的四大核心组件。

（1）正极。

正极材料是决定锂离子电池性能的关键材料之一，其性能和价格对锂离子电池的影响较大。目前研制成功并得到应用的正极材料主要有钴酸锂、磷酸铁锂、锰酸锂、三元材料镍钴锰酸锂（NCM）和镍钴铝酸锂（NCA）等。

（2）负极。

锂离子电池的负极材料是充电过程中锂离子和电子的载体，起着能量储存与释放的作用。负极材料占电池成本的 5%～15%，碳材料是目前锂离子电池应用最为广泛的负极材料。

（3）电解液。

电解液是锂离子电池中用于传输锂离子的载体，通常由锂盐和有机溶剂组成。电解液在锂离子电池正、负极之间起到传导锂离子的作用。电解液一般由高纯度的有机溶剂、电解质锂盐及相关的添加剂等材料，在一定条件下按一定比例配制而成。

（4）隔膜。

隔膜位于电池的正、负极板之间，起到绝缘作用，是关键的内层组件之一。隔膜的性能决定了电池的截面结构及内阻，直接影响着电池容量、循环寿命及安全性能等特性。

### 2. 工作原理

虽然锂离子电池的种类很多，但是其工作原理大致相同。当对电池进行充电时，电池的正极上有锂离子产生，产生的锂离子经过电解液运动到负极。而作为负极的碳呈层状结构，它有很多微孔，到达负极的锂离子就嵌入碳层的微孔中，嵌入的锂离子越多，充电容量越高。以钴酸锂电池为例，充电时发生的化学反应为：

正极：$LiCoO_2 == Li_{1-x}CoO_2 + xLi^+ + xe^-$

负极：$6C + xLi^+ + xe^- == Li_xC_6$

同理，当对锂离子电池进行放电时，嵌在负极碳层中的锂离子脱出，又运动回到正极。回到正极的锂离子越多，电池容量越高。放电时的反应为：

正极：$Li_{1-x}CoO_2 + xLi^+ + xe^- == LiCoO_2$

负极：$Li_xC_6 == 6C + xLi^+ + xe^-$

不难看出，在锂离子电池的充放电过程中，锂离子处于从正极到负极再回到正极的运动状态，如图 2-1-8 所示。如果我们把锂离子电池比作一把摇椅，则摇椅的两端分别为电池的正负极，而锂离子就像活泼的孩子，在摇椅两端往返奔跑。故而锂离子电池又被称为摇椅式电池。

|创新强国|

中国钠离子
电池研发
领先世界

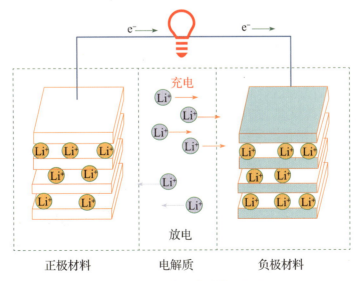

图 2-1-8　锂离子电池的工作原理

### 3. 特点及应用

根据正极材料的不同，锂离子电池可以分成许多种类，主流应用的有钴酸锂电池、锰酸锂电池、磷酸铁锂电池及三元锂电池等。

（1）钴酸锂电池。

钴酸锂电池结构稳定、比容量高、综合性能突出、电化学性能优越、加工性能优异、能量密度高，有助于提高电池的体积比容量，产品性能更稳定、一致性好，标称电压为3.7V。特斯拉Model S动力蓄电池的电池单体采用容量约为2.2A·h的18650钴酸锂电池（见图2-1-9）。

图2-1-9　18650钴酸锂电池

钴酸锂电池的缺点：首先，由钴酸锂电池组成的电池包，连同电机和电控系统，至少占整车成本的60%～70%，价格成本相对较高；其次，安全性和热稳定性差，遇到高温或者撞击时会释放氧气与大量热。基于以上缺点，钴酸锂电池主要用于中小型号电芯，广泛应用于笔记本电脑、手机、MP4等小型电子设备中；新能源汽车中只有特斯拉采用该类型的动力蓄电池。

（2）锰酸锂电池。

锰酸锂电池是指正极使用锰酸锂材料的电池。相比钴酸锂等传统正极材料，锰酸锂材料资源丰富、成本较低，且具有无污染、安全性能好等优点。锰酸锂正极采用尖晶石型锰酸锂和层状结构锰酸锂，一般为$LiMn_2O_4$，负极为石墨，其标称电压达到3.7V。东风日产启辰晨风采用的电池就是锰酸锂电池。

锰酸锂电池材料本身不太稳定，容易分解产生气体，因此大多和其他材料混合使用，以便能降低电芯成本，但其循环寿命衰减较快，易鼓胀，高温性能较差，主要用于大中型号电芯。

（3）磷酸铁锂电池。

磷酸铁锂电池是指用磷酸铁锂（$LiFePO_4$）作为正极材料的锂离子电池。其标称电压为3.2V，充电终止电压为3.6V，放电终止电压为2.0V。

相较于其他材料的锂离子电池，磷酸铁锂电池被称为最安全的动力蓄电池，比亚迪公司研制的刀片电池就是磷酸铁锂电池。磷酸铁锂电池的安全性能很好，使用寿命长，高温性能好，无记忆效应，重量轻，同等规格容量的磷酸铁锂电池的重量仅为铅酸电池的1/3。但磷酸铁锂电池也有其缺点，如低温性能差，正极材料振实密度低，能量密度低，因此在微型电池方面不具有优势。磷酸铁锂电池在新能源汽车上应用得非常广泛，如特斯拉Model 3、比亚迪E6、江淮IEV4、长安深蓝S7等。图2-1-10所示为比亚迪E6的磷酸铁锂电池。

图2-1-10　比亚迪E6的磷酸铁锂电池

（4）三元锂电池。

三元锂电池具有容量高、成本低、安全性好等特性，其在小型锂离子电池中逐步占据一定的市场份额，并在动力蓄电池领域具有良好的发展前景。

三元锂电池是指正极材料使用镍钴锰酸锂 [Li（NiCoMn）O₂] 三元复合材料的锂离子电池。三元复合正极材料产品，是以镍盐、钴盐、锰盐为原料，综合了钴酸锂、镍酸锂和锰酸锂三类材料的优点，存在三元协同效应，其中三类材料的比例可以根据实际需要进行调整，三元材料作正极的电池相对于钴酸锂电池安全性高，同时在循环稳定性、热稳定性和安全性能上也有提高。随着新能源汽车的逐步发展，能量密度高的三元锂电池正在动力蓄电池领域逐渐占据自己的一席之地，很多新能源汽车品牌都选择了三元锂电池，如江淮 IEV5、北汽 EV200、小鹏 P7、比亚迪-汉 DMI 等。图 2-1-11 所示为北汽 EV200 的三元锂电池。

图 2-1-11　北汽 EV200 的三元锂电池

### （五）其他类型动力蓄电池

#### 1. 燃料电池

（1）基本介绍。

燃料电池是一种把燃料所具有的化学能直接转化成电能的化学装置，又称电化学发电器。由于燃料电池是通过电化学反应把燃料的化学能中的吉布斯自由能部分转化成电能，不受卡诺循环效应的限制，因此效率高。另外，燃料电池用燃料和氧气作为原料，同时没有机械传动部件，故排放出的有害气体极少，使用寿命长。由此可见，从节约能源和保护生态环境的角度来看，燃料电池是很有发展前途的发电技术。

（2）工作原理。

燃料电池的组成与一般电池相同，由正、负两个电极（负极为燃料电极，正极为氧化剂电极）及电解液组成。不同的是，一般电池的活性物质储存在电池内，限制了电池的容量，而燃料电池的正、负极本身不包含活性物质，只是个催化转换元件。因此，燃料电池是名副其实地把化学能转化为电能的能量转换机器。电池工作时，燃料和氧化剂由外部供给，进行反应。原则上只要反应物不断输入，反应产物不断排除，燃料电池就能连续发电。另外，只有燃料电池本体还不能工作，必须有一套相应的辅助系统，包括反应剂供给系统、排热系统、排水系统、电性能控制系统及安全装置等。这里以氢氧燃料电池为例来说明其工作过程。

正极：$\frac{1}{2}O_2 + H_2O + 2e^- \longrightarrow 2OH^-$

负极：$H_2 + 2OH^- \longrightarrow 2H_2O + 2e^-$

电池反应：$H_2 + \frac{1}{2}O_2 \Longrightarrow H_2O$

从上述化学式可以看出，氢氧燃料电池在工作过程中消耗了氢气和氧气，只产生了水，所以氢氧燃料电池被称为最清洁的电池。

（3）分类及应用。

按电解液类别分，燃料电池可分为碱性燃料电池（AFC）、磷酸燃料电池（PAFC）、熔融碳酸盐燃料电池（MCFC）、固体氧化物燃料电池（SOFC）、质子交换膜燃料电池（PEMFC）和直接甲醇燃料电池（DMFC）。

按燃料类别和反应机理分，燃料电池可分为氢型、碳型、氮型和有机物型燃料电池。以氢气、甲醇、联氨、烃类及一氧化碳等为燃料的燃料电池又称为氢氧燃料电池；以铝、镁、锂和锌等轻金属为燃料，以氧气为氧化剂的电池称为金属空气燃料电池。

按工作温度分，燃料电池可分为高温燃料电池（高于400℃）、中温燃料电池和常（低）温燃料电池。

最适合汽车使用的燃料电池是质子交换膜燃料电池，如图2-1-12所示。质子交换膜燃料电池在发电过程中不涉及氢氧燃烧反应，能量转换率较高，发电时无污染，发电单元模块化，容易控制且可靠，组装和维修均很方便，工作时无噪声，是未来燃料汽车电池的研究方向。

图2-1-12　质子交换膜燃料电池

### 2. 飞轮电池

飞轮电池是20世纪90年代才提出的新概念电池，它突破了化学电池的局限，采用物理方法实现储能。众所周知，当飞轮以一定角速度旋转时，它就具有动能，而飞轮电池正是将其动能转化成电能。飞轮电池中有一个电机，充电时该电机以电动机形式运转，在外电源的驱动下，电机带动飞轮高速旋转，即用电给飞轮电池"充电"增加了飞轮的转速从而增加其功能；放电时，电机则以发电机状态运转，在飞轮的带动下对外输出电能，完成机械能（动能）到电能的转化。飞轮电池的内部结构如图2-1-13所示。

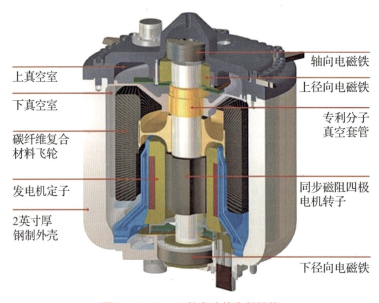

上真空室　下真空室　碳纤维复合材料飞轮　发电机定子　2英寸厚钢制外壳　轴向电磁铁　上径向电磁铁　专利分子真空套管　同步磁阻四极电机转子　下径向电磁铁

图2-1-13　飞轮电池的内部结构

飞轮电池有诸多优点，如能量转换效率高、能量密度高、使用寿命长、损耗低等。但也有一些缺点，由于在实际工作中，飞轮的转速可达 40 000～50 000r/min，如此高的转速势必须要用质量轻的材料制作飞轮，否则容易解体，故而飞轮一般采用碳纤维材料制成，而碳纤维材料价格昂贵，成本比较高。

飞轮电池更适合应用于混合动力汽车，飞轮电池充电快，放电完全，符合车辆的工况需求。车辆在正常行驶和减速制动时，给飞轮电池充电。飞轮电池则在大功率下使用，如加速或爬坡时，给车辆提供动力，保证车辆运行在一种平稳的状态下，弥补在多变工况下发动机燃油消耗量的增加，同时也可降低空气和噪声污染，减少发动机的维护，从而延长发动机的使用寿命。

### 3. 超级电容器

超级电容器是一种高容量电容器，其电容值远高于其他电容器，与电解电容器相比，其在每单位体积或质量上储存的能量高 10～100 倍，可以比电池更快地接收和传递电荷，并且比可充电电池耐受更多充电或放电循环。

超级电容器用于需要许多快速充电或放电循环，而不是长期紧凑型能量储存的应用中。比如，在汽车、火车、起重机和电梯中，它们用于再生制动、短期能量储存或突发模式供电。2014 年，我国开始使用由超级电容器供电的有轨电车，该有轨电车在 30s 内通过位于铁轨之间的装置进行充电，储存电力以使有轨电车行驶长达 4km，足以到达下一站，重复充电过程。对纯电动汽车和混合动力汽车来说，超级电容器加电池组合能更好地解决当今新能源汽车的一系列痛点。超级电容器的充电速度比电池快得多，具有稳定的电性能、更宽的温度范围和更长的使用寿命等优点，但其重量、体积、成本会削弱这些优势。结合超级电容器和电池的车辆如今只能在实验车辆中运行。

## 二、动力蓄电池管理系统

### （一）动力蓄电池管理系统概述

#### 1. 定义

动力蓄电池管理系统的英文名称为 Battery Management System，简称 BMS，是指对电池进行监控和管理的系统，通过对电压、电流、温度及剩余电量（SOC）等参数进行采集、计算，从而能准确地控制电池的充放电过程，实现对电池的保护，提升电池的综合性能，是连接车载动力蓄电池和新能源汽车的重要纽带。

动力蓄电池
管理系统

#### 2. 功能

动力蓄电池管理系统可以实现对动力蓄电池系统的过压、欠压、过流保护，以及接触器控制、剩余电量（SOC）估算、充放电管理、均衡控制、故障报警及处理、与其他控制器通信等功能。此外，动力蓄电池管理系统还具有高压回路绝缘检测和调节动力蓄电池系统温度的功能。

动力蓄电池管理系统不仅要保证电池的安全可靠，还要充分发挥电池的综合性能并尽可能地延长其使用寿命，构建电池和整车控制器及驾驶人沟通的桥梁。

（1）参数检测。

动力蓄电池系统的参数有很多，这些参数的检测是所有综合控制的基础。采集的数据一般有电池总电压、电池总电流、每组电池模块测点温度及电池单体电压等。

（2）剩余电量（SOC）估算。

电池剩余电量（SOC）相当于传统车的油量，能直观地反映车辆的续航能力。为了让驾驶人及时了解剩余电量，系统需实时采集充放电电流、电压等参数，通过相应的算法进行剩余电量（SOC）的估算。

（3）充放电管理。

动力蓄电池管理系统根据电池的荷电状态对电池的充放电进行管理。若某个参数超标，如电池单体电压过高或过低，则为保证电池组的正常使用及性能的发挥，系统将切断继电器，停止电池的能量供给，并上报故障信息。

（4）热管理。

实时采集每组电池模块测点温度，通过动力蓄电池冷却系统调节制冷强度，防止电池温度过高。若检测到每组电池模块测点温度过低，则需开启动力蓄电池加热系统给动力蓄电池升温，以保证电池能正常工作。

（5）均衡控制。

由于整个动力蓄电池组由很多电池单体组成，在充放电时电池单体个体的差异及使用状态无法保证完全一致，为了防止各电池单体在使用过程中不一致性越来越严重，系统应判断并自动进行均衡处理。

（6）故障诊断。

通过对电池参数的采集，与系统中存储的正常参数进行比对，并对后期数据走势进行预测，如有异常或预测有异会及时上传故障码并报警；如遇到严重故障，可以及时切断高压电，以保证安全。

（7）信息监控。

电池的主要信息在车载显示终端进行实时显示。

（8）参数标定。

由于不同的车型使用的电池类型、数量、电池模组的结构不同，因此系统应对车型、车辆编号、电池类型和电池模式等有信息标定的功能。

（9）CAN总线接口。

根据整车CAN通信协议，与整车其他系统进行信息共享。

## （二）动力蓄电池管理系统的结构

### 1. 动力蓄电池箱

动力蓄电池箱（见图2-1-14）主要起到保护动力蓄电池的作用，因此要求箱体坚固、防水、防尘。箱体可以分为密封罩和托盘两部分。密封罩一般不会受到冲击，起到封闭电池内部以防止灰尘进入的作用。为了减轻重量，密封罩通常采用塑料材质。托盘在整车的下部，以防止遇到路面的磕碰等情况而损坏动力蓄电池。目前大多数纯电动汽车为了保证底盘动力蓄电池的安全，选择钢或铝合金材料作为电池包的保护外壳，既能减轻重量，又能保护动力蓄电池的安全。

图2-1-14 动力蓄电池箱

### 2. 动力蓄电池模组

为了满足新能源汽车的行驶要求，动力蓄电池的电压一般很高，所以需要若干电池单体串联实现高电压。而为了更好地对车辆底盘的空间进行布置和对电池进行监测与管理，通常会把电池单体组合成动力蓄电池模组，如图2-1-15所示。电池单体是构成动力蓄电池模组的最小单元。电池模组是指电池单体采用串联、并联或串并联连接方式，且只有一对正负极输出端子的电池组合体。

图 2-1-15　动力蓄电池模组

### 3. 电池管理控制器

电池管理控制器（见图2-1-16）在不同品牌的车辆上有不同的名称，如主控盒、BMS控制器等，甚至直接将其称作BMS，因为电池管理控制器是动力蓄电池关键的控制模块，用于检测动力蓄电池内单个电池单元的电压、电流，并实现多个电池单元之间的均衡控制。

### 4. 手动维修开关

手动维修开关（MSD）是一种带熔断器的高压连接器，相当于开关，如图2-1-17所示。对新能源汽车进行检修时，为了确保人车安全，通

图 2-1-16　电池管理控制器

常会拔出MSD，将高压系统的电源断开。它可以实现高压系统的电气隔离，同时也可以起到短路保护的作用。MSD电气部位布置一般有两种：一种是位于高压电源的正极；另一种是位于电池组中间。一般使用MSD无须过多工具即可便捷断开高压回路，内有高压互锁功能，是重要的安全防护部件。MSD会影响整车及维修人员的安全，需要进行完善的性能测试。

图 2-1-17　手动维修开关

#### 5. 热管理系统

为了使动力蓄电池达到最佳的性能和寿命，动力蓄电池需要始终在最适宜的温度下工作，故而需要电池热管理系统对动力蓄电池进行温度调节。电池热管理系统冷却技术与传统内燃机汽车发动机冷却系统很相似，都是通过冷却媒介把电池内部的热量传递到外界环境中，从而实现温度的热交换过程。根据冷却介质的不同，冷却方式可分为空气冷却散热、液冷冷却散热、固体相变材料散热等。与传统内燃机汽车不同，电池热管理系统还有加热功能。在外界温度较低时，动力蓄电池通常无法正常完成充电任务，为了使动力蓄电池恢复活力，则需要电池加热系统对电池进行升温，直至温度正常。如今电池加热系统大多采用 PTC 水加热结构。为了监控电池内部的温度，每个电池模组通常都安装有实时监测温度的元件，一旦温度异常就可采取降温冷却的措施。

#### 6. 低压管理系统

低压管理系统通常做的是整个动力蓄电池内部信息的收集工作，主要包括数据采集器、信息采集线束、通信转换模块等，如图 2-1-18、图 2-1-19 和图 2-1-20 所示。整个低压管理系统需要实时监控电池模组内每个电池单体的电压、电流、温度。此外，还需要时刻监测高压系统的绝缘性及电量值，并将所有收集的数据传递给电池管理控制器，以便与整车控制器（VCU）进行信息交互。

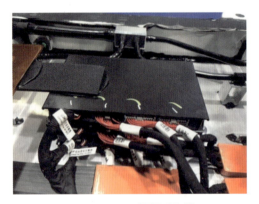

图 2-1-18　数据采集器

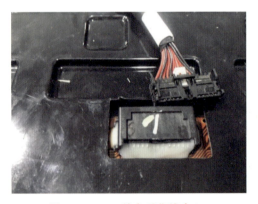

图 2-1-19　信息采集线束

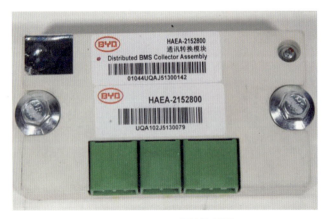

图 2-1-20　通信转换模块

### （三）动力蓄电池管理控制策略

#### 1. 整车上下电策略

（1）上电策略。

当点火开关打到 ON 挡时，整车控制器（VCU）、电机控制器、动力蓄电池管理系统（BMS）、仪表等自检。BMS 自检确认是否为充电状态、高压互锁是否正常，自检各个电池模组电压和温度等是否正常，如果出现充电、高压互锁异常、电池模组异常等情况，则不予上电。

（2）下电策略。

当点火开关打到 OFF 挡时，整车控制器（VCU）发出下电报文，向电机控制器发出关闭驱动的报文，电机控制器完成关闭后给整车控制器发送扭矩关闭报文。然后，整车控制器给动力蓄电池管理系统发出关闭继电器的报文，动力蓄电池管理系统控制主接触器断开，完成下电。

（3）行车下电策略。

行车下电就是行驶过程中紧急断开高压系统，整车控制器（VCU）发送高压回路断开要求，整车控制器进入错误状态（IGHOLD 状态），所有高压设备不工作，在整车控制器发送高压回路紧急断开指令后，动力蓄电池管理系统（BMS）立即响应，依次断开主接触器；当出现三级故障，动力蓄电池管理系统上报整车控制器警报后，若未接收到下电指令，则关断主接触器策略如下：动力蓄电池管理系统需要延时切断高压电，最长延时时间为 30s。在下电过程中，若动力蓄电池管理系统的 12V 唤醒信号丢失，动力蓄电池管理系统需要按照原下电逻辑进行延时下电，数据存储完毕后在 12V 唤醒信号丢失 3s 内进入休眠状态。

#### 2. 充电策略

当车辆充电时，连接充电枪并开启充电桩，当点火开关在 OFF 挡时，动力蓄电池管理系统（BMS）接通 12V 电源进行自检，检测到插枪报文给整车 CAN。动力蓄电池管理系统需确认两点：①电池自身状态允许充电；②充电机的硬件温度正常报文。

若动力蓄电池管理系统检测到上述两点状态只要有一个不满足，则发送关闭报文给交流充电机；若满足，则控制预充接触器与总负接触器闭合，达到预充电压后，总正接触器闭合，预充接触器释放，完成预充。然后，动力蓄电池管理系统发送允许充电最高电压和最大电流报文，并发送打开充电机命令报文，充电机发送启动报文给动力蓄电池管理系统，充电机在充电过程中，充电机发送任何一个故障或充满电请求关闭时，动力蓄电池管理系统立即关闭总正、总负接触器。若充电过程中，点火开关打到 ON 挡时，整车控制器（VCU）收到动力蓄电池管理系统插枪报文后，不执行上电程序。

正常充电过程中，动力蓄电池管理系统（BMS）根据采集到动力蓄电池最高和最低的温度、不同阶段时的电压，实施调整充电电流大小，保证电池正常充电。一般来说，常温情况下快充不得超过 2h，慢充不得超过 12h。

#### 3. 高压互锁功能检测

（1）整个高压电路都具有高压互锁功能，实时进行功能检测。

（2）动力蓄电池管理系统（BMS）高压上电时，如果检测不到高压互锁信号，则不允许上高压，动力蓄电池管理系统（BMS）在运行中若检测到高压互锁信号丢失，则需要发送报文通知整车控制器，按照既定故障下电流程动作，完成高压下电操作。

（3）整车控制器提供 12V 电压给高压回路互锁信号，当整车 ACC 信号断电时，该信号值为 0V。

（4）为保护高压回路互锁信号，硬件应当独立控制。当互锁信号所连接的接插件拔出或松脱时，高压回路接触器断开，断开高压连接，保证安全。

# 第二节　电机驱动系统

## 一、电机驱动系统概述

### （一）电机驱动系统的功用及位置

电机驱动系统是纯电动汽车的核心系统，是车辆行驶的主要执行机构，其特性决定了车辆的主要性能指标，直接影响车辆动力性、经济性和用户驾乘感受。它可以根据驾驶人的操作意图、动力蓄电池和驱动电机的状态控制车辆的行驶和停止，同时在汽车制动或者下坡时，实现电能再生。纯电动汽车的电机驱动系统一般位于前机舱内，如图 2-2-1 所示。

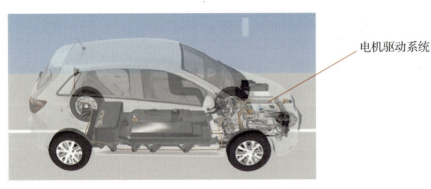

电机驱动系统

图 2-2-1　电机驱动系统的位置

### （二）电机驱动系统的结构与原理

电机驱动系统主要由驱动电机、电机控制器、机械减速装置和电机驱动冷却系统等组成，它们通过高低压线束、冷却管路与整车其他系统连接运转，如图 2-2-2 所示。

电机控制器主要是将整车控制器（VCU）根据驾驶人意图所发出的各种指令信号进行处理并转换成驱动电机功率信号；驱动电机是将电机控制器传输过来的电能转换成机械能传输给机械减速装置；机械减速装置将驱动电机传输过来的机械能分配给车轮行驶；电机驱动冷却系统是对整个电机驱动系统进行冷却，保证电机驱动系统的温度在正常的工作范围内。

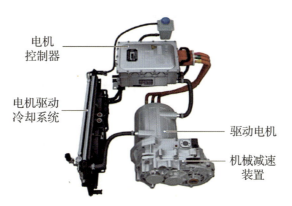

电机控制器

电机驱动冷却系统

驱动电机

机械减速装置

电机驱动系统的组成

图 2 - 2 - 2　电机驱动系统的结构

### （三）新能源汽车对驱动电机的要求

为适应新能源汽车在起步、加速、匀速、降速、爬坡、下坡、高速、低速、滑行、制动和停车等各种行驶工况下的负载特性要求，兼顾动力性、舒适性、环境适应性、经济性和排放性，驱动电机应满足以下性能要求。

#### 1. 起动转矩大，调速范围宽

驱动电机要具有良好的起动性能和加速性能，应包括恒转矩区和恒功率区。在恒转矩区，低速运行输出的恒定转矩大，以满足汽车快速起动、加速、负荷爬坡等要求；在恒功率区，高速运行输出恒定功率，有较大的调速范围，以满足平坦路面、超车等高速行驶的要求。

#### 2. 瞬时功率大，过载能力强

驱动电机要保证新能源汽车有 4 ～ 5 倍的过载能力，这样可保证汽车带负载时起动性能好、加速性能强，并且使用寿命长。

#### 3. 效率高、损耗低

为延长续驶里程，要求驱动电机在整个运行范围内具有很高的效率，同时在车辆减速时，能够实现再生制动，将能量回收并反馈给动力蓄电池。

#### 4. 运行平稳、可靠性高

驱动电机要耐高温和耐潮性强，运行时噪声低、污染小，能够在高温、坏天气及频繁震动等恶劣环境下长期工作。

#### 5. 质量轻、体积小

应尽可能采用铝合金外壳，同时转速要高，以减轻整车的质量，增加电机与车体的适配性，扩大车体的可利用空间，提高舒适性。

#### 6. 成本低

驱动电机结构要简单、坚固，适合批量生产，便于使用与维护，从而降低生产成本和使用成本。

驱动电机的分类

## 二、驱动电机

根据驱动电机的结构、工作原理的不同，新能源汽车驱动电机的分类方式也多种多样。目前，普遍采用的驱动电机主要有直流电机、三相交流异步电机、永磁同步电机、开关磁阻电机和轮毂电机。下面将从结构、工作原理、特点与应用等方面进行介绍。

### （一）直流电机

#### 1. 结构

直流电机是输出或输入为直流电能的旋转电机，它是能实现直流电能和机械能互相转换的电机。它由一个固定部件——定子和一个转动支撑部件——转子（电枢）组成，如图2-2-3所示。大多数直流电机采用内部转子结构，即转子是内部部件，定子是外部部件。定子由电磁铁组成，在小型直流电机内由永久磁铁构成。

图2-2-3 直流电机的整体结构

图2-2-4为直流电机的基本结构示意图，它的固定部分（定子）上装设了一对直流励磁的静止的主磁极 N 和 S，在旋转部分（转子）上装设电枢铁芯。定子与转子之间有一气隙。在电枢铁芯上放置了两根导体连成的电枢绕组线圈，线圈的首端和末端分别连到两个圆弧形的铜片上，此铜片称为换向片。换向片之间互相绝缘，由换向片构成的整体称为换向器。换向器固定在转轴上，换向片与转轴之间也互相绝缘。在换向片上放置着一对固定不动的电刷，当电枢旋转时，电枢绕组线圈通过换向片和电刷与外电路接通。

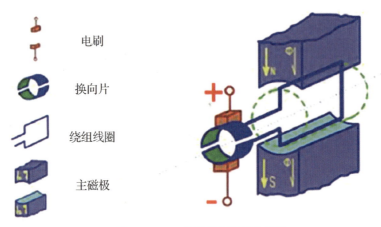

电刷

换向片

绕组线圈

主磁极

图2-2-4 直流电机的基本结构

#### 2. 工作原理

直流电机的工作原理是以作用力施加在磁场内的载流导体上为基础，导体上的作用力取决于导体的电流强度、磁场强度、导体有效长度（线圈圈数）。为了提高作用力的影响，使用带有铁芯的电枢绕组线圈代替载流导体，如图2-2-5所示（图中仅显示了一个线圈，以便于更好地进行描述）。

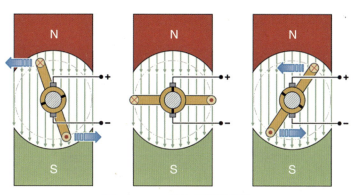

图 2 - 2 - 5　载流导体的旋转

在线圈上施加电压时，线圈内流动的电流产生一个磁场（线圈磁场）。永久磁铁两极间的磁场和线圈磁场形成一个总磁场。根据线圈内的电流方向产生一个左旋或右旋力矩。线圈继续转动，直至线圈磁场方向与永久磁体两极间磁场方向相同。随后线圈停留在所谓的磁极磁场中性区域内。为了能够继续转动，必须改变线圈内的电流方向。在此通过与线圈起始端和线圈末端连接的电流换向器（集电环）实现电流方向的切换。每旋转 180° 集电环切换电流方向一次，从而实现连续转动。

### 3. 特点与应用

与交流电机相比，直流电机具有优良的调速性能和起动性能。直流电机有较宽的调速范围、平滑的无级调速特性，可实现频繁的无级快速起动、制动和反转；过载能力大，能承受频繁的冲击负载；能满足自动化生产系统中的运行要求。而直流电机则能提供无脉动的大功率直流电源，且输出电压可以精确地调节和控制。

但直流电机也有其显著的缺点：一是制造工艺复杂，消耗有色金属较多，生产成本高；二是由于存在电刷和机械换向器，不但限制了电机过载能力与速度的进一步提高，而且如果长时间运行，势必要经常维护及更换电刷和换向器；三是由于损耗存在于转子上，导致散热困难，限制了电机转矩质量比的进一步提高。鉴于直流电机存在以上缺陷，在新研制的新能源汽车上已基本不采用直流电机。在一些对调速性能要求不高的领域中，直流电机已被交流变频调速系统所取代。但是在某些要求调速范围宽、调速性高、精密度好、控制性能优异的场合，直流电机的应用目前仍占有较大的比重。

直流电机具有良好的起动和调速性能，常应用于对起动和调速有较高要求的场合，如大型可逆式轧钢机、矿井卷扬机、宾馆高速电梯、龙门刨床、电力机车、内燃机车、城市电车、地铁列车、电动自行车、造纸和印刷机械、船舶机械、大型精密机床和大型起重机等生产机械中。

## （二）三相交流异步电机

### 1. 结构

三相交流异步电机是由气隙旋转磁场与转子绕组感应电流相互作用产生电磁转矩，从而实现电能转换为机械能的一种交流电机。三相交流异步电机是各类电机中应用最广、需求量最大的一种电机。在新能源汽车中，主要使用笼型三相交流异步电机。三相交流异步电机主要由静止的定子和旋转的转子两大部分组成，定子和转子之间存在气隙。此外，还有端盖、机座和风扇等部件，如图2-2-6所示。

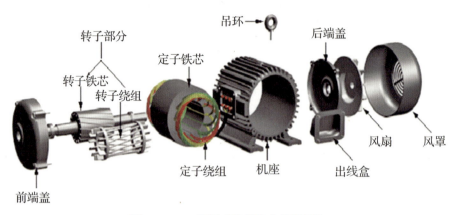

图2-2-6　三相交流异步电机的结构

### 2. 工作原理

三相交流异步电机的工作原理是根据电磁感应原理而工作的。当定子绕组通过对称的三相交流电时（接线方法如图2-2-7所示），在定子与转子间产生旋转磁场，该旋转磁场切割转子绕组，在转子回路中产生感应电动势和电流，转子导体的电流在旋转磁场的作用下，受到力的作用而使转子转动。

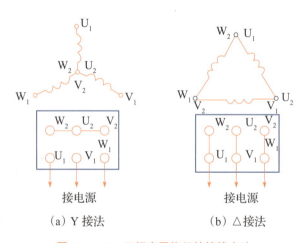

（a）Y接法　　　　　　　　（b）△接法

图2-2-7　三相定子绕组的接线方法

旋转磁场的产生原理：当向三相定子绕组中通入对称的三相交流电时（各相差120°电角度），就产生了一个以同步转速 $n_1$ 沿定子和转子内圆空间做顺时针方向旋转的旋转磁场，如图2-2-8所示。由于旋转磁场以 $n_1$ 转速旋转，转子导体开始时是静止的，故转子导体将切割定子旋转磁场而产生感应电动势（感应电动势的方向用右手定则判定）。两极绕组的旋转磁场如图2-2-9所示。由于转子导体两端被短路环短接，在感应电动势的作用下，转子导体中将产生与感应电动势方向基本一致的感生电流。转子的载流导体在定子磁场中受到电磁力的作用（力的方向用左手定则判定），电磁力对转子轴产生电磁转矩，从而使驱动电机旋转，电机旋转方向与磁场旋转方向相同。

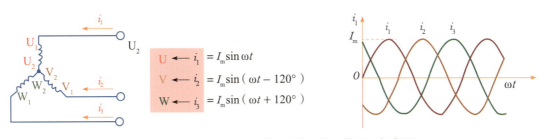

图 2 - 2 - 8　按星形连接的三相定子绕组接通三相电源

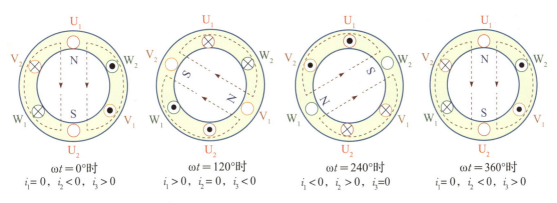

图 2 - 2 - 9　两极绕组的旋转磁场

### 3. 特点与应用

三相交流异步电机是应用得最广泛的电机。其定子和转子采用硅钢片叠压，定子之间没有相互接触的滑环、换向器等部件。三相交流异步电机结构简单，运行可靠，经久耐用，功率覆盖面很宽，转速可达到 12 000～15 000r/min，可采用空气冷却或液体冷却方式，冷却自由度高，对环境的适应性好，并能够实现再生反馈制动，与同样功率的直流电机相比，效率较高，质量减轻一半左右，价格便宜，维修方便。

特斯拉纯电动汽车的驱动电机为自主研发的三相交流感应电机（见图 2 - 2 - 10），拥有最优的缠绕线性，能极大地减少阻力和能量损耗。同时，相对整车而言，其电机体积非常小。

高性能信号处理器将制动、加速、减速等需求转换为数字信号，控制转动变频器将电池组的直流电与交流电相互转换，以带动三相感应电机给汽车提供动力。

图 2 - 2 - 10　特斯拉纯电动汽车的驱动电机

## （三）永磁同步电机

### 1. 结构

永磁同步电机主要是由转子、端盖及定子等部件组成。定子由电枢铁芯和电枢绕组构成。转子主要由永磁体、转子铁芯和转轴等构成。永磁同步电机的定子结构与普通的感应电机的结构非常相似，转子结构与异步电机的最大不同之处是在转子上放有高质量的永磁体磁极。根据永磁体在转子上的位置不同，永磁同步电机的磁极结构可分为表面式和内置式两种。表面式转子磁路结构又可分为凸出式和嵌入式两种，如图 2-2-11 所示。

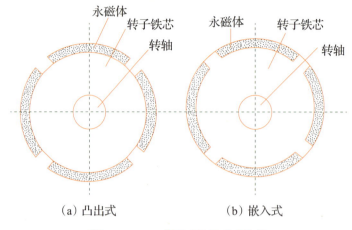

（a）凸出式　　　　　　　（b）嵌入式

图 2-2-11　表面式转子磁路结构

按永磁体磁化方向与转子旋转方向的相互关系，内置式转子磁路结构可分为径向式、切向式和混合式三种，如图 2-2-12 所示。

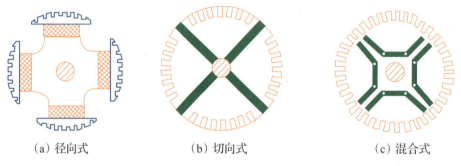

（a）径向式　　　　　　（b）切向式　　　　　　（c）混合式

图 2-2-12　内置式转子磁路结构

### 2. 工作原理

永磁同步电机的起动和运行是由定子绕组、转子笼型绕组和永磁体三者产生的磁场的相互作用而形成的。电机静止时，给定子绕组通入三相对称电流，产生定子旋转磁场。定子旋转磁场相对于转子旋转在笼型绕组内产生电流，形成转子旋转磁场。定子旋转磁场与转子旋转磁场相互作用产生的异步转矩，使转子由静止开始加速转动。在这个过程中，转子永磁磁场与定子旋转磁场转速不同，会产生交变转矩。当转子加速到速度接近同步转速的时候，转子永磁磁场与定子旋转磁场的转速接近相等，定子旋转磁场速度稍大于转子永磁磁场，它们相互作用产生转矩使转子进入同步运行状态。在同步运行状态下，转子绕组内不再产生电流。此时转子上只有永磁体产生磁场，它与定子旋转磁场相互作用，产生驱动转矩。由此可知，永磁同步电机是靠转子绕组的异步转矩实现起动的。起动完成后，转子绕组不再起作用，由永磁体和定子绕组产生的磁场相互作用产生驱动转矩。

根据磁极异性相吸、同性相斥的原理，无论定子旋转磁极与永磁体磁极起始相对位置如何，定子的旋转磁极总会通过磁力促使转子同步旋转。

### 3. 特点与应用

永磁同步电机结构简单、体积小、重量轻、损耗小、效率高。和直流电机相比,它没有直流电机的换向器和电刷等部件;和异步电机相比,它由于不需要无功励磁电流,因而效率高,功率因数高,力矩惯量比大,定子电流和定子电阻损耗较小,且转子参数可测、按制性能好。但与异步电机相比,它也有成本高、起动困难等缺点;和普通同步电机相比,它省去了励磁装置,简化了结构,提高了效率。

永磁电机是目前应用较广泛的一种电机。永磁电机分为两种:一种是表面式的永磁电机,常见的无刷直流电机多采用这种结构,这种电机调速范围比较窄,而且有力矩波动;另一种是永磁-磁阻同步电机,它既具有永磁电机体积小、效率高的优势,也具有比较宽的恒功率调速范围,因此是新能源汽车用电机的主流,尤其在乘用车上应用较多。世界上先进的混合动力汽车的制造厂商,如丰田、本田、福特、通用等都是采用这种技术。

图 2-2-13 所示为北汽能源汽车 EV160 采用的 C33DB 永磁同步电机的外观示意图。

图 2-2-13 北汽能源汽车 EV160 采用的 C33DB 永磁同步电机的外观示意图

### (四)开关磁阻电机

#### 1. 结构

开关磁阻电机由双凸极的定子和转子组成,其定子、转子的凸极均由普通的硅钢片叠压而成,如图 2-2-14 所示。定子极上绕有集中绕组,把沿径向相对的两个绕组串联成一个两级磁极,称为"一相";转子既无绕组又无永磁体,仅由硅钢片叠成。

图 2-2-14 开关磁阻电机的结构

#### 2. 特点与应用

开关磁阻电机结构简单,性能优越,可靠性高,覆盖功率范围为 10W～5MW 的各种高低速驱动调速系统。近年来开关磁阻电机的应用和发展取得了明显的进步,已成功应用在新能源汽车驱动、通用工业、家用电器和纺织机械等领域，最大速度高达 100 000 r/min。

我国研制成功 110kW 的开关磁阻电机用于矸石山绞车、132kW 的开关磁阻电机用于带式输送机拖动，良好的起动和调速性能受到工人们的欢迎。我国还将开关磁阻电机用于电牵引采煤机，牵引运行试验表明新型采煤机性能良好。此外，还成功地将开关磁阻电机用于电机车，提高了电机车运行的可靠性和效率。

开关磁阻电机最初的应用领域就是电动车。目前电动汽车和电动自行车的驱动电机主要有永磁无刷与永磁有刷两种，采用开关磁阻电机驱动有其独特的优势。当高能量密度和系统效率为关键指标时，开关磁阻电机变为首选对象。开关磁阻电机驱动系统的电机结构紧凑牢固，适用于高速运行，并且驱动电路简单、成本低、性能可靠，在较宽的转速范围内效率都较高，可以方便地实现四象限控制。这些特点使开关磁阻电机驱动系统适合在新能源汽车的各种工况下运行，是新能源汽车中极具潜力的一种电机。

### （五）轮毂电机

轮毂电机是一种车轮内部的电机，其主要目的是将电能转化为能够推动汽车前进的动力。与传统内燃机汽车中的发动机相比，轮毂电机更为高效，因为它的动力只需被传输到汽车的驱动车轮，并且更接近效率的极限。

#### 1. 结构

轮毂电机的外观与传统内燃机汽车基本相同，它包含三部分：电机、传动装置和制动器。其中，电机的本体部分位于轴向的中心位置，连接上、下部分的主体，这部分带有驱动器和控制器，负责发电机的电源和控制系统传动装置则是将电机的能量转化为车轮旋转的能量，其结构也相对较为简单。最后，轮毂电机的制动器起到了限制车辆行驶的重要作用，防止超速或其他意外事故的发生。轮毂电机是一个先进而且独特的电机，它为汽车动力和控制系统提供了有效和高效的选择。

#### 2. 特点与应用

轮毂电机是一种新兴的电机类型，它将电机和轮毂集成在一起。相比传统的发动机和电机组合，它具有外形小巧、高效节能、动力强劲、运行噪声小的特点。轮毂电机应用广泛，从电动自行车到新能源汽车都有它的身影。

（1）电动自行车。

在普通自行车上使用轮毂电机可以将其变成电动自行车，让骑行更加轻松。

（2）纯电动汽车。

纯电动汽车是轮毂电机最常见的应用场景之一。由于轮毂电机可以直接驱动车轮，因而减少了传统发动机的传动机构和动力损失。轮毂电机被广泛应用于纯电动汽车，如特斯拉汽车、宝马 i3 及日产 Leaf 等车型。

（3）混合动力汽车。

混合动力汽车需要电力系统来为汽车提供后备能量。混合动力汽车通常包括传统发动机、永磁同步电机或另一种类型的电机。与轮毂电机相比，其中收集能源的齿轮箱（也称为变速器），可以更大程度地控制和分配车轮的驱动力。

（4）出租车。

轮毂电机还被广泛应用于出租车等城市快速交通，目前有很多出租车已经被升级为电驱动。在大多数情况下，这些出租车是由轮毂电机驱动的，提高了它们的能效和效率。

## 三、电机控制器

### （一）电机控制器的作用

电机控制器通常简称为 MCU，是电机驱动系统的核心，主要用于管理和控制驱动电机的速度、方向，以及将驱动电机转变为发电机以实现制动能量回收。电机控制器的另一个重要功能是通信和保护，实时进行状态和故障检测，保护电机驱动系统和整车安全可靠运行。电机控制器的功能类似于传统内燃机汽车的发动机控制模块。

### （二）电机控制器的组成

电机控制器就是控制主牵引电源与驱动电机之间能量传输的装置，主要由电子控制装置和功率转换装置组成，如图 2-2-15 所示。

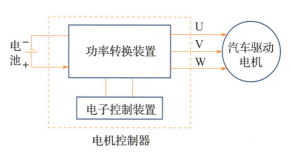

图 2-2-15　电机控制器的组成

#### 1. 电子控制装置

电子控制装置主要通过电流传感器、电压传感器、温度传感器来监测和调整电机运行状态，并根据相应参数进行电压、电流的调整控制，从而实现对驱动电机转速、转矩和功率的控制。

#### 2. 功率转换装置

功率转换装置则是一种起逆变和整流作用的变压器，它相当于逆变器和整流器的集成装置，其功能是接收动力蓄电池输送过来的直流电能，将其逆变成三相交流电给驱动电机提供工作电源。

### （三）电机控制器的控制策略

电机控制器接收挡位开关、加速踏板深度、制动踏板深度、旋转变压器等信号，经过一系列的逻辑处理和判断，来控制电机正、反转和转速等，如图 2-2-16 所示。电机控制器通常能根据驾驶者的意图实现不同的控制策略。

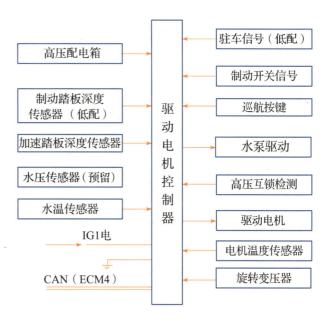

图 2-2-16　电机控制器的工作原理

**1. 驱动**

当车辆行驶时，电机控制器接收整车控制器（VCU）、挡位开关、加速踏板等信号，告知此时驾驶人的行驶方向与加速踏板深度。此外，电机控制器还要检测驱动电机的温度、电压、旋转变压器等信号，判断驱动系统是否正常；若一切正常，则向动力蓄电池管理系统发送指令，将动力蓄电池的高压直流电通入逆变器进行电能转换，从而满足驾驶人的驱动意图。在整个驱动过程中，电机控制器还要实时检测电机的工作状态，若驱动系统有异常，则及时上报给整车控制器（VCU），并在仪表盘上显示故障信息。

**2. 减速制动**

当车辆减速时，制动踏板被踩下，电机控制器接收到减速信号后，控制驱动电机转变为发电机，将车辆的动能转换为三相交流电，此时逆变器收到交流转直流的指令，将动能转化为电能。同时，电机控制器向动力蓄电池管理系统发送充电指令，将制动能量回收转化后的电能储存在动力蓄电池中，从而实现制动能量的回收。

## 本章小结

动力蓄电池是新能源汽车上提供电能的电池，主要包括镍氢电池、锂离子电池和其他类型动力蓄电池。

动力蓄电池管理系统，是指对电池进行监控和管理的系统，通过对电压、电流、温度及剩余电量（SOC）等参数进行采集、计算，从而准确地控制电池的充放电过程，实现对电池的保护，提升电池的综合性能，是连接车载动力蓄电池和电动汽车的重要纽带。

动力蓄电池管理系统主要由动力蓄电池箱、动力蓄电池模组、电池管理控制器、手动维修开关、热管理系统和低压管理系统组成。

电机驱动系统主要由驱动电机、电机控制器、机械减速装置和电机驱动冷却系统等组成，它们通过高低压线束、冷却管路与整车其他系统连接运转。

电机驱动系统可以根据驾驶人的操作意图、动力蓄电池和驱动电机的状态控制车辆的行驶和停止，同时在汽车制动或者下坡时，实现电能再生。

新能源汽车采用的驱动电机主要有直流电机、三相交流异步电机、永磁同步电机、开关磁阻电机和轮毂电机。

电机控制器就是控制主牵引电源与驱动电机之间能量传输的装置，主要由电子控制装置和功率转换装置组成。

第三章

# 混合动力汽车

 学习目标

知识目标：1. 掌握混合动力汽车的基本结构和工作原理。
          2. 掌握混合动力汽车的分类方法。
          3. 掌握各种类型混合动力汽车的结构和技术特点，并了解相应主流车型。
          4. 了解混合动力汽车的驱动方式。
          5. 掌握国内外典型混合动力汽车车型的特点。

能力目标：1. 具有区分各种类型混合动力汽车的能力。
          2. 具有查找资料、文献等获取信息的能力。

素养目标：1. 培养良好的分析问题和解决问题的能力。
          2. 培养沟通能力及团队协作精神。
          3. 培养 6S 管理执行力。

## 建议学时

12 个学时。

## 课程导入

混合动力汽车是能够至少从可消耗的燃料和可再充电能 / 能量储存装置两类车载储存的能量中获得动力的汽车，主要由发动机、驱动电机及控制系统、动力分配装置和动力蓄电池及管理系统组成。根据不同的分类标准，混合动力汽车可分为不同的类型，且各有其特点。混合动力汽车针对不同的工况，通过合理分配动力驱动方式，使系统处于最优状态，从而实现节能减排的目标。下面我们就从混合动力汽车的结构与原理、混合动力汽车的类型、混合动力汽车的驱动方式和混合动力汽车的典型车型四个方面介绍混合动力汽车。

## 知识储备

## 第一节　混合动力汽车的结构与原理

混合动力汽车是介于传统内燃机汽车和纯电动汽车之间的一种车型，是传统内燃机汽车向纯电动汽车过渡的车型，保留了传统内燃机汽车的大部分结构，同时，增加了电机、储能装置和电力电子元件等，结构更加复杂，但布置也更灵活。目前混合动力汽车技术已较为成熟。

## 一、混合动力汽车的定义和特点

### （一）混合动力汽车的定义

从广义上讲，混合动力汽车是在特定的工作条件下，可以从两种或两种以上的能量储存器、能量源或能量转换器中获取驱动能量的汽车。混合动力汽车至少有一种能量储存器、能量源或能量转化器可传递电能。

从狭义上讲，混合动力汽车是指同时装备两种动力来源——热动力源（由传统的汽油机或柴油机产生）与电动力源（电池与电机）的汽车。通过在混合动力汽车上使用电机，使动力系统可以按照整车的实际运行工况灵活调控，而发动机保持在综合性能最佳的区域内工作，从而降低油耗与排放。也可以认为，混合动力汽车通常是指既有动力蓄电池提供电力驱动，又装有一个相对较小的内燃机的汽车。

国家标准《电动汽车术语》（GB/T 19596-2017）规定，混合动力汽车是指能够至少从下述两类车载储存的能量中获得动力的汽车：①可消耗的燃料；②可再充电能/能量储存装置。

### （二）混合动力汽车的特点

在目前的技术水平和应用条件下，混合动力汽车是最具实际开发意义的低排放和低油耗汽车。

#### 1. 混合动力汽车的优点

（1）动力性能好：由于配备了两种动力系统，因而动力系统可以按照整车的实际运行工况灵活调控，使混合动力汽车具有良好的动力性能。

（2）油耗低：与传统内燃机汽车相比，混合动车汽车的发动机总是工作在最佳工况点附近，油耗非常低。

（3）排放性能好：发动机主要工作在最佳工况点附近，燃烧充分，排放气体较干净。

（4）能量利用效率高：具有制动能量回收功能，将制动时的动能转换为电能进行储存，再利用电机将能量转化为动力。

#### 2. 混合动力汽车的缺点

（1）仍然不能完全实现废气零排放。

（2）在动力蓄电池电量较低时，长距离、长时间高速或匀速行驶基本不能省油。

（3）混合动力系统构成复杂，维修困难，成本高。

## 二、混合动力汽车的基本结构

混合动力汽车继承和沿用了很大一部分的传统内燃机汽车的传动系统和操纵装置，包括发动机控制装置、加速踏板、离合器和变速器的操纵装置等，同时增加了电机和电能装置等动力源，其整车结构和布局也发生了部分改变。混合动力汽车主要由动力系统、控制系统、底盘、车身和辅助电器五个部分组成。

## （一）动力系统

混合动力汽车的动力系统主要由发动机、电力驱动装置、电能装置、动力耦合装置等组成，如图3-1-1所示。其作用是保证车辆安全有效行驶，使发动机油耗最低、排放最小，并充分发挥电力驱动的效率。电力驱动装置和发动机提供的两种动力就是混合动力汽车动力系统的主要动力源。

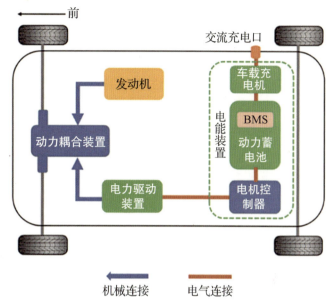

图3-1-1 混合动力汽车的动力系统组成

### 1. 发动机

混合动力汽车的发动机从能量源来说，可以是汽油机或柴油机；从结构原理上说，可以是四冲程内燃机、二冲程内燃机、转子发动机或斯特林发动机，形式不同，发动机提供的功率占汽车动力源总功率的比重也不同。

### 2. 电力驱动装置

混合动力汽车的电力驱动装置主要由电机、电机控制器和电机冷却系统组成。

### 3. 电能装置

混合动力汽车的电能装置主要由动力蓄电池、动力蓄电池管理系统、充电系统、电池冷却系统和低压辅助电源组成。

### 4. 动力耦合装置

动力耦合装置可实现混合动力汽车电力驱动系统与燃油驱动系统的相互转换，其形式不仅决定了混合动力汽车的工作方式，也决定了汽车功率分配的途径，对汽车的动力性、经济性及排放性能产生影响，主要有齿轮式机械动力耦合装置、电磁式动力耦合装置和液压混合动力耦合装置三种。

## （二）控制系统

混合动力汽车的控制系统主要由动力蓄电池管理系统（BMS）、电机控制器（MCU）、变速控制单元（TCU）、发动机控制单元（ECU）、发电机控制单元（GCU）、车身控制单元（BCM）等组成，如图3-1-2所示。控制系统可分为能量管理系统、驾驶人信息传递系统、信息通信系统、安全故障管理系统和辅助系统等。

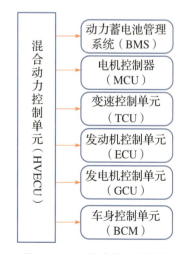

图3-1-2 混合动力汽车的
控制系统组成

## （三）底盘

混合动力汽车的底盘用来支撑发动机、动力蓄电池、电机、电机控制器、车身及空调等各种辅助电器，并将动力进行传递和分配，使汽车按照驾驶人的意图行驶。底盘主要由传动系统、行驶系统、转向系统和制动系统四大系统组成。

### 1. 传动系统

混合动力汽车的传动系统主要用于将动力系统的动力传给驱动车轮，主要由传动轴和等速万向节组成。

### 2. 行驶系统

混合动力汽车的行驶系统的功用是承受汽车的总重量和接收传动系统传来的动力，通过驱动车轮和地面之间的附着作用产生驱动力，从而克服外界阻力，保证汽车正常行驶，主要由车架、车桥、车轮和悬架等组成。

### 3. 转向系统

混合动力汽车的转向系统采用的是电子动力转向系统，它的转向助力是由安装在转向柱上的直流电动机提供的，且电动机只有在需要转向助力时才会消耗能量，所以这种转向系统能够很大程度上提高燃油经济性。混合动力汽车的转向系统主要由转矩传感器、车速传感器、EPS电动机、减速机构和电子控制单元等组成。

### 4. 制动系统

混合动力汽车常用的制动系统有两种：一种是带电动真空助力的液压制动系统，能有效利用制动空行程进行能量回收；另一种是电子液压制动系统，可以根据驾驶人踩制动踏板的程度和所施加的力计算所需的制动力，并在施加制动力的同时适当地回收能量。

## （四）车身

混合动力汽车采用的是承载式车身，主要由车身本体、开启件、座椅、内外饰部件和安全保护装置等组成。

## （五）辅助电器

混合动力汽车的辅助电器主要有空调、照明、各种声光信号装置、车载音响装置、刮水器、电动门窗、电动座椅调节器、车身安全防护装置等。

在混合动力汽车上，有些空调系统有两种工作模式驱动的压缩机：一种是电动机驱动的压缩机；另一种是发动机带动的带电磁离合器的压缩机。

# 三、混合动力汽车的工作原理

混合动力汽车同时配备发动机和电机两套动力系统，可以按照整车的实际运行工况灵活调控，根据不同工况，分别采用电力驱动、发动机驱动、混合动力驱动和再生制动工作模式，使发动机保持在综合性能最佳的区域内工作，从而降低油耗与排放。

## （一）电力驱动

混合动力汽车在车辆处于起动、低速及轻载运行时，发动机关闭，车辆由电机驱动，为纯电动工况。尤其在起动时，电机转速为0，额定转矩能实现100%传输，所以在汽车初始加速过程中，电机可提供比发动机更好的性能。在电力驱动过程中，发动机保持关闭状态。

### （二）发动机驱动

混合动力汽车动力蓄电池亏电或者电量过低时，车辆由发动机直接驱动行驶，同时，由发动机向动力蓄电池补充电量。根据混合动力汽车控制逻辑，一般是在动力蓄电池电量低于一定值或者汽车输出功率不足时，发动机处于驱动状态。

### （三）混合动力驱动

混合动力汽车行驶过程中，所需的功率较大，电机不能满足混合动力汽车加速、爬坡需求时，发动机和电机同时工作以驱动车辆行驶。

### （四）再生制动

再生制动也称为反馈制动，这种制动技术可以实现在汽车行驶过程中获取汽车制动或空挡滑行时浪费掉的能量，是一种节能、减排、增加续驶里程的重要手段。这些在制动或空挡滑行时浪费掉的一部分能量可通过电机转化为电能，电机作为发电机工作，制动汽车的同时产生电能并向混合动力汽车动力蓄电池充电。

## 第二节　混合动力汽车的类型

作为能够至少从可消耗的燃料和可再充电能／能量储存装置两类车载储存的能量中获得动力的汽车，混合动力汽车根据不同的分类标准，可分为不同的类型。目前我国主要依据汽车行业标准《混合动力汽车类型》（QC/T837-2010）对混合动力汽车进行分类。

### 一、按照动力系统结构形式划分

#### （一）串联式混合动力汽车

##### 1. 串联式混合动力汽车的结构

串联式混合动力汽车是车辆行驶系统的驱动力只来源于电机的混合动力汽车。典型的结构特点是发动机带动发电机发电，电能通过电机控制器输送给电机，由电机驱动车辆行驶。另外，动力蓄电池可以单独向电机提供电能驱动车辆行驶。

串联式混合动力汽车是由发动机、发电机和电机三大主要部件总成组成的，如图3-2-1所示。发动机只是用于发电，发电机发出的电能通过电机控制器直接输

**图3-2-1　串联式混合动力汽车结构示意图**

送到电机，由电机产生的电磁力矩驱动汽车行驶。动力蓄电池通过电机控制器串接在发电机和电机之间，其功能相当于发电机与电机之间的"水库"，起功率平衡作用。当发电机的发电功率大于电机所需的功率时（如汽车减速滑行、低速行驶或短时停车等工况），电机控制器控制发电机向动力蓄电池充电；而当发电机发出的功率低于电机所需的功率时（如汽车起步、加速、高速行驶、爬坡等工况），动力蓄电池则向电机提供额外的电能。

### 2. 串联式混合动力汽车的特点

发动机功率是以汽车某一速度下稳定运行工况所需的功率选定的，当汽车运行工况发生变化，电机所需的驱动功率与发动机输出功率不一致时，由电机控制器控制发电机向动力蓄电池充电（吸收发电机富余的电能）或使动力蓄电池向电机放电（协助发电机供电），动力蓄电池充电和放电电流的大小由电机控制器根据电机驱动功率的变化情况进行控制。这样的结构形式和控制方式，使串联式混合动力汽车具有如下性能特点：

（1）串联式混合动力汽车属于发动机辅助型的电动汽车，发动机与驱动桥之间无机械连接，因此能够保持在稳定、高效、低污染的状态下运转，将有害气体排放控制在最低范围内。

（2）由于有动力蓄电池进行驱动功率"调峰"，发动机的功率只需满足汽车在某一速度下稳定运行工况所需的功率即可，因此可选择功率较小的发动机。

（3）发动机－发电机组与电机之间没有机械连接，整车的结构布置自由度较大。

（4）发动机的输出需全部转换为电能再转换为驱动汽车的机械能，需要功率足够大的发电机和电机。

（5）发动机－发电机组与动力蓄电池之间的匹配要求较严格，应能根据动力蓄电池荷电状态 SOC 的变化，自动起动或关闭发动机，避免动力蓄电池出现过放电或过充电，因此需要较大容量的动力蓄电池。

（6）发动机－发电机－电机系统中机械能—电能—机械能的能量转换过程中，能量损失较大。动力蓄电池的充、放电过程中存在能量损耗，车辆也不是经常在满负荷状态下运行，能量转换的综合效率较低。

串联式混合动力汽车最适用于市内低速运行的工况。在繁华的市区，汽车在起步和低速时还可以关闭发动机，只利用动力蓄电池进行功率输出，使汽车达到零排放的要求。

### 3. 串联式混合动力汽车的主流车型

串联式混合动力汽车的主流车型有雪佛兰 VOLT（见图 3-2-2）、宝马 i3 增程版（见图 3-2-3）和传祺 GA5Z 增程版（见图 3-2-4）。

图 3-2-2　雪佛兰 VOLT

图 3 - 2 - 3　宝马 i3 增程版

图 3 - 2 - 4　传祺 GA5Z 增程版

## （二）并联式混合动力汽车

### 1. 并联式混合动力汽车的结构

并联式混合动力汽车是车辆行驶系统的驱动力由电机与发动机同时或单独供给的混合动力汽车。其典型的结构特点是并联式驱动系统可以单独使用发动机或电机作为动力源，也可以同时使用电机和发动机作为动力源驱动车辆行驶。

并联式混合动力汽车

并联式混合动力汽车主要由发动机、动力耦合器、电机和动力蓄电池等部件组成，如图 3 - 2 - 5 所示。并联式混合动力汽车有两套驱动系统，发动机与电机呈并联结构，两者都可以作为主动力，工作时可共同驱动或各自单独驱动车辆。当汽车运行工况所需的功率超过了发动机的功率时，电机从动力蓄电池获得电能产生电磁力矩，并向驱动桥提供额外的驱动功率。当动力蓄电池荷电状态 SOC 下降到预定值时，发动机能够带动电机反转，这时电机转变成发电机为动力蓄电池充电。

图 3 - 2 - 5　并联式混合动力汽车的结构示意图

### 2. 并联式混合动力汽车的特点

并联式混合动力汽车的发动机功率是汽车以某一速度稳定行驶时所需的功率，当汽车在低速或变速工况行驶时，需通过加速踏板和变速器来调节发动机的功率输出；而在汽车高速行驶，发动机的输出功率低于汽车行驶所需功率时，由电机控制器控制电机协助驱动。这样的结构形式和控制方式，使并联式混合动力汽车具有如下性能特点：

（1）发动机通过动力耦合器与驱动桥直接连接，可直接驱动汽车，没有串联式混合动力汽车发动机的机械能—电能转换过程，能量转换的综合效率比串联式混合动力汽车高，发动机工作在满负荷状态时，燃油经济性最好。

（2）并联式混合动力汽车是在传统内燃机汽车的基础上加装了一套电能驱动系统，两大动力总成的功率可以相互叠加，发动机功率与电机功率约为电动汽车所需最大驱动功率的 1/2 以上，因此，可以采用小功率的发动机和电机。

（3）由于电机能转变成发电机为动力蓄电池充电，因此可采用较小容量的动力蓄电池。

（4）由于并联式驱动系统的发动机运行工况要受汽车行驶工况的影响，因此在汽车行驶工况变化较多、较大时，发动机就会比较多地在其不良工况下运行，因此，发动机的有害气体排放比串联式混合动力汽车高。

（5）由于发动机与驱动桥之间直接机械连接，需要通过变速装置来适应汽车行驶工况的变化。另外，发动机与电机并联驱动，还需要动力耦合器等装置。因此，动力系统结构复杂，布置和控制更困难。

并联式混合动力汽车适用于中、高速稳定行驶的工况。在其他的行驶工况下，由于发动机不在最佳的工作区域内运行，油耗和排污指标较差。并联式混合动力汽车也可实现零排放控制，在繁华的市区低速行驶时，通过关闭发动机和使离合器分离，可以使汽车以纯电动方式运行。

### 3. 并联式混合动力汽车的主流车型

并联式混合动力汽车的主流车型有别克君越 eAssist（见图 3-2-6）、本田 CR-Z（见图 3-2-7）和比亚迪宋（见图 3-2-8）。

图 3-2-6　别克君越 eAssist

图 3-2-7　本田 CR-Z

图 3-2-8　比亚迪宋

### （三）混联式混合动力汽车

#### 1. 混联式混合动力汽车的结构

混联式混合动力汽车是具备串联式和并联式两种混合动力系统结构的混合动力汽车。其典型的结构特点是既可以在串联混合模式下工作，也可以在并联混合模式下工作，同时兼顾了串联式和并联式混合动力汽车的特点。

混联式混合动力汽车主要由发动机、动力复合装置、发电机、电机和动力蓄电池等部件组成，如图 3-2-9 所示。混联式混合动力系统中，发动机产生的功率一部分通过机械式传动输送给驱动桥，另一部分则驱动发电机发电，发电机发出的电能由电机控制器控制输送给电机或动力蓄电池，电机产生的驱动力矩通过动力复合装置传送给驱动桥。

混联式驱动系统的控制策略是：在汽车低速行驶时，驱动系统主要以串联方式工作；当汽车高速稳定行驶时，则以并联工作方式为主。

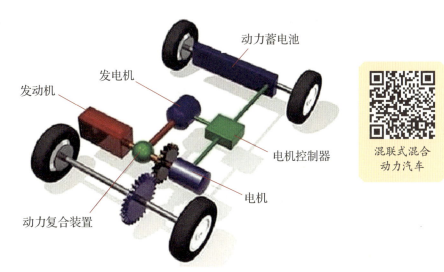

动力蓄电池
发电机
发动机
电机控制器
电机
动力复合装置

混联式混合
动力汽车

图 3 - 2 - 9　混联式混合动力汽车的结构示意图

**2. 混联式混合动力汽车的特点**

混联式驱动系统的结构形式和控制方式充分发挥了串联式和并联式的优点，能够使发动机、发电机、电机等部件进行更多的优化匹配，从而在结构上保证系统在更复杂的工况下工作在最优状态，更容易实现有害气体排放和油耗的控制目标。

混联式驱动系统一般以行星齿轮机构作为动力复合装置的基本构架，是目前最成功的结构。

**3. 混联式混合动力汽车的主流车型**

混联式混合动力汽车的主流车型有比亚迪 F3DM（见图 3 - 2 - 10）、丰田 PRIUS（见图 3 - 2 - 11）和雷克萨斯 CT20h（见图 3 - 2 - 12）。

图 3 - 2 - 10　比亚迪 F3DM

图 3 - 2 - 11　丰田 PRIUS

图 3 - 2 - 12　雷克萨斯 CT20h

## 二、按照混合度划分

### （一）微混合型混合动力汽车

微混合型混合动力汽车是以发动机为主要动力源、电机为辅助动力，具备制动能量回收功能的混合动力汽车。电机的峰值功率和总功率的比值小于10%。仅具有停车怠速停机功能的汽车也可称为微混合型混合动力汽车。

微混合型混合动力系统在传统发动机上加装了皮带驱动起动电机（Belt-Alternator Starter Generator，简称BSG系统）代替原来的起动机，如图3-2-13所示。该电机为发电起动（Stop-Start）一体式电机，用来控制发动机的起动与停止，从而取消了发动机的怠速，降低了油耗与排放。这种微混合型混合动力系统的汽车不属于真正意义上的混合动力汽车，因为它的电机并没有为汽车行驶提供持续的动力。

图3-2-13　皮带驱动起动电机（BSG系统）

微混合型混合动力汽车的主流车型有雪铁龙的混合动力版C3（见图3-2-14）和丰田的混合动力版Vitz（见图3-2-15）。

图3-2-14　雪铁龙的混合动力版C3

图3-2-15　丰田的混合动力版Vitz

### （二）轻度混合型混合动力汽车

轻度混合型混合动力汽车是以发动机为主要动力源、电机为辅助动力，在车辆加速和爬坡时，电机可向车辆行驶系统提供辅助驱动力矩的混合动力汽车。一般情况下，电机的峰值功率和总功率的比值大于10%。

轻度混合型混合动力系统采用了集成起动电机（Integrated Starter Generator，简称ISG

系统），安装在发动机曲轴端，如图 3－2－16 所示。与微混合动力系统相比，轻混合动力系统除能够实现用发电机控制发动机的起动和停止外，还能实现在减速和制动工况下，对部分能量进行回收；在行驶过程中，发动机等速运转，发动机产生的能量可以在车轮的驱动需求和发电机的充电需求之间进行调节。

发动机

集成起动电机
（ISG系统）

| 创新强国 |

技术创新，
自立自强

图 3－2－16　集成起动电机（ISG 系统）

轻度混合型混合动力汽车的主流车型有本田 Insight，如图 3－2－17 所示。

### （三）重度混合（强混合）型混合动力汽车

重度混合（强混合）型混合动力汽车是以发动机和／或电机为动力源，一般情况下，电机的峰值功率和总功率的比值大于 30%，且电机可以独立驱动车辆正常行驶的混合动力汽车。

图 3－2－17　本田 Insight

重度混合（强混合）型混合动力汽车采用高压电机，发动机和电机都可以独立或共同驱动车辆，在低速、缓加速行驶（因交通堵塞频繁起步与停车）、车辆起步行驶和倒车等情况下，车辆可以以纯电动模式行驶；急加速时电机和发动机一起驱动车辆，并有制动能量回收的能力。

重度混合（强混合）型混合动力汽车的主流车型有丰田 PRIUS（见图 3－2－18）和宝马 i8（见图 3－2－19）。

图 3－2－18　丰田 PRIUS

图 3－2－19　宝马 i8

## 三、按照外接充电能力划分

### （一）外接充电型混合动力汽车

外接充电型混合动力汽车是一种被设计成在正常使用情况下可从非车载装置中获取电

能的混合动力汽车。仅当制造厂在其提供的使用说明书中或者以其他明确的方式推荐或要求进行车外充电时，混合动力汽车方可认为是"外接充电型"的。仅用作不定期的储能装置电量调节或维护而非用作常规的车外能量补充，即使有车外充电能力，也不认为是"外接充电型"的车辆，插电式混合动力汽车属于此类型。

图 3-2-20　充电接口

外接充电型混合动力汽车既有传统内燃机汽车的发动机、变速器、传动系统、油路、油箱等，也有纯电动汽车的动力蓄电池、电机和控制电路等，而且动力蓄电池容量相对较大，还有充电接口，如图 3-2-20 所示。

外接充电型混合动力汽车可以外部充电，可以用纯电动模式行驶，动力蓄电池电量耗尽后再以混合动力模式（以发动机为主）行驶，并适时向动力蓄电池充电。

外接充电型混合动力汽车的主流车型有丰田 PRIUS（见图 3-2-21）和比亚迪秦（见图 3-2-22）等。

图 3-2-21　丰田 PRIUS

图 3-2-22　比亚迪秦

### （二）非外接充电型混合动力汽车

非外接充电型混合动力汽车是一种被设计成在正常使用情况下从车载燃料中获取全部能量的混合动力汽车。

非外接充电型混合动力汽车的动力蓄电池容量很小，仅在起/停、加/减速的时候供应/回收能量，不能外部充电，不能用纯电动模式较长距离行驶。在使用发动机驱动车辆行驶时，可通过发动机驱动发电机来给动力蓄电池充电。

非外接充电型混合动力汽车的主流车型有丰田 PRIUS（见图 3-2-23）和凯美瑞-尊瑞（见图 3-2-24）。

图 3-2-23　丰田 PRIUS

图 3-2-24　丰田凯美瑞-尊瑞

## 四、按照行驶模式的选择方式划分

### (一)有手动选择功能的混合动力汽车

有手动选择功能的混合动力汽车是具备行驶模式手动选择功能的混合动力汽车。车辆可选择的行驶模式包括发动机模式、纯电动模式和混合动力模式三种。

有手动选择功能的混合动力汽车的主流车型有奔驰 C350e 插电式混合动力汽车(见图 3-2-25)和广汽三菱祺智插电混合动力汽车(见图 3-2-26)。

图 3-2-25　奔驰 C350e 插电式混合动力汽车　　　图 3-2-26　广汽三菱祺智插电混合动力汽车

### (二)无手动选择功能的混合动力汽车

无手动选择功能的混合动力汽车是不具备行驶模式手动选择功能的混合动力汽车。车辆的行驶模式根据不同工况自动切换。

## 五、按照电机的位置划分

根据电机位置的不同,定义为"Px"架构(P — position;x—数字),用来区分各种有变速器的混合动力汽车的并联与混联混合动力架构。对于单电机的混合动力系统,根据电机相对于传统动力系统的位置,可分为 P0、P1、P2、PS(P2.5)P3、P4,如图 3-2-27 所示。当前主流混合动力汽车一般都采用双电机的方案,如比亚迪 DM-i 系统、本田 i-MMD 系统均采用 P1+P3 方案。

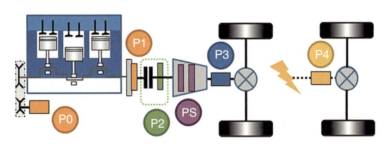

图 3-2-27　"Px"混动架构示意图

(1)P0:电机安装在发动机前端,通过皮带与发动机连接,一般功率较小,不能独立驱动车辆,通常作为发电机,一般称为 BSG 电机。

(2)P1:电机安装在发动机后端,与发动机刚性连接(集成在飞轮上或通过齿轮与飞轮结合),一般替代起动机并作为发电机,功率更大,一般称为 ISG 电机。

(3)P2:电机位于离合器之后、变速器之前,有些会在电机和变速器之间放置第二个离合器以断开电机和变速器的连接。电机功率可以做得比较大，可以通过变速器变速直接驱动车辆实现纯电动模式行驶。

（4）P2.5（PS）：该方案通常通过双离合变速器实现，利用双离合变速器可以在两根输入轴之间切换的特点，将电机与其中一根输入轴进行耦合，通过离合器，在多种模式下进行驱动。P2.5（PS）是P2架构的优化。

（5）P3：电机位于变速器之后，通常与变速器输出轴或主减速器直接连接，功率较大，可以直接驱动车辆纯电动模式行驶。

（6）P4：电机位于后桥上，功率较大，可以驱动车辆纯电动模式行驶及制动能量回收。

## 六、其他划分形式

按照可再充电能量储存系统不同，混合动力汽车可以划分为（但不限于）以下类型：动力蓄电池混合动力汽车、超级电容器混合动力汽车、机电飞轮混合动力汽车、动力蓄电池与超级电容器组合式混合动力汽车。

混合动力汽车按照技术特征、燃料类型、功能结构和车辆用途等因素还可有其他划分形式。

# 第三节　混合动力汽车的驱动方式

混合动力汽车的动力系统包括串联式、并联式和混联式三种，具体的驱动方式包括电力驱动、混合动力驱动和发动机驱动等，混合动力汽车针对不同的工况，通过合理分配动力驱动方式，使系统处于最优状态，从而实现节能减排的目标。下面以比亚迪秦PLUS DM-i混合动力车型为例，阐述混合动力汽车针对不同的工况，如何采取灵活的驱动方式来优化燃油效率和动力输出。

## 一、比亚迪秦PLUS DM-i混合动力系统简介

比亚迪秦PLUS DM-i混动系统包含一台插混专用1.5L高效发动机、EHS电混系统、刀片电池、交直流车载充电器等核心零部件，EHS电混系统中集成了双电控、双电机和离合模块，一台电机只负责发电，另一台负责驱动和制动能量回收。在驱动模式上，这套插电式混合动力系统拥有四种驱动模式：EV纯电动模式、HEV串联模式、HEV并联模式和发动机直驱模式。在实际使用中，这四种驱动模式可通过整车控制器智能实时调整。

混合动力汽车的驱动方式

## 二、比亚迪秦PLUS DM-i混合动力车型的驱动方式

### （一）电力驱动

混合动力汽车起步、低速及轻载行驶时，若动力蓄电池电量处于饱和状态，则由动力蓄电池提供电能带动电机运转，驱动车轮带动车辆行

驶，此时发动机不需要工作，充分发挥驱动电机大转矩、高效率、低噪声的优势，即为 EV 纯电动模式，如图 3 - 3 - 1 所示。

### （二）混合动力驱动

#### 1. 串联式混合动力驱动

混合动力汽车起步、低速及轻载行驶时，若动力蓄电池电量低于 60%，发动机起动并带动发电机发电，将电能输送给电机，由电机驱动车轮带动车辆行驶，同时给动力蓄电池充电，即为动力蓄电池电量不足时的 HEV 串联模式，如图 3 - 3 - 2 所示。

混合动力汽车中速行驶时，由动力蓄电池提供电能带动电机运转，驱动车轮带动车辆行驶，同时，发动机带动发电机发电，为电机提供电能，即为动力蓄电池电量充足时的 HEV 串联模式，如图 3 - 3 - 3 所示。

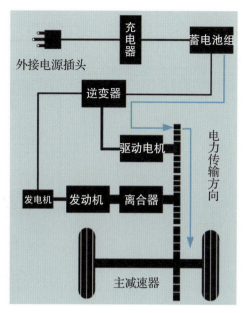

图 3 - 3 - 1　混合动力汽车 EV 纯电动模式

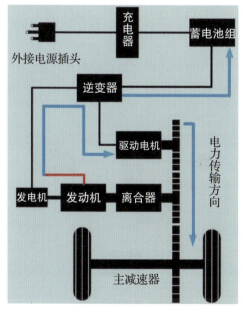

图 3 - 3 - 2　混合动力汽车 HEV 串联模式
（动力蓄电池电量不足时）

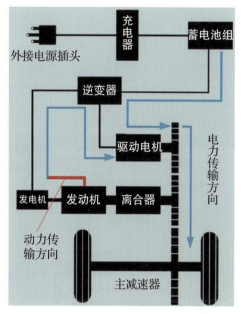

图 3 - 3 - 3　混合动力汽车 HEV 串联模式
（动力蓄电池电量充足时）

#### 2. 并联式混合动力驱动

混合动力汽车加速行驶或爬坡时，所需的功率较大，电机输出的功率已经不能满足车辆行驶的要求，在动力蓄电池提供电能带动电机运转，驱动车轮带动车辆行驶的同时，发动机起动，驱动车辆，即为 HEV 并联模式，如图 3 - 3 - 4 所示。

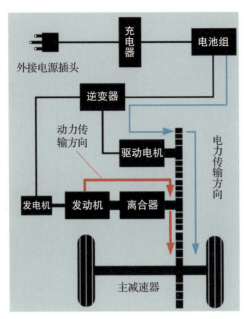

图 3-3-4　混合动力汽车 HEV 并联模式

### （三）发动机驱动

混合动力汽车高速巡航时，发动机起动，直接驱动车轮带动车辆行驶，充分利用发动机在高速巡航阶段能耗低于电机的特性，降低油耗，即为动力蓄电池电量充足时的发动机直驱模式，如图 3-3-5 所示。

混合动力汽车高速巡航时，若动力蓄电池电量不足，则发动机直接驱动车辆行驶的同时，带动驱动电机发电，给动力蓄电池充电，即为动力蓄电池电量不足时的发动机直驱模式，如图 3-3-6 所示。

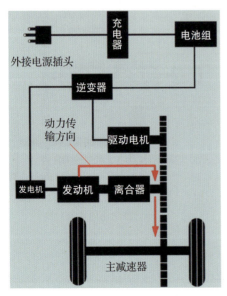

图 3-3-5　混合动力汽车发动机直驱模式
（动力蓄电池电量充足时）

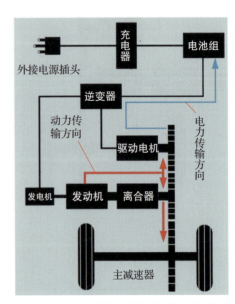

图 3-3-6　混合动力汽车发动机直驱模式
（动力蓄电池电量不足时）

## 第四节　混合动力汽车的典型车型

### 一、丰田普锐斯（PRIUS）混合动力汽车

#### （一）丰田普锐斯混合动力汽车简介

1997 年，丰田首先在日本市场上推出了世界上第一款批量生产的混合动力汽车——普锐斯（PRIUS），丰田将这套油电混合动力系统称为 Toyota Hybrid System，简称 THS。2003 年，第二代普锐斯上市，引入了第二代丰田混合动力系统 THS-Ⅱ。2009 年，丰田推出了全新第三代普锐斯，第三代丰田混合动力系统 THS-Ⅲ 使用全新的 1.8L 内燃机代替原有的 1.5L 内燃机，同时对 HSD 混合动力协同驱动系统进行重新设计。2015 年，丰田发布了第四代普锐斯，第四代丰田混合动力系统 THS-Ⅳ 仍然沿用 1.8L VVT-i 直列四缸发动机和电动机组成的混合动力系统，不过得益于容量更大的电池组，在纯电动模式下它的行驶里程得到提升。2023 年，丰田宣布全新第五代普锐斯插电式混合动力车型正式在日本上市，如图 3-4-1 所示。

图 3-4-1　丰田第五代普锐斯插电式混合动力汽车

第五代普锐斯插电式混合动力汽车为前驱车型，采用 2.0L 直列四缸自然吸气发动机加电机，综合输出最大功率为 164kW，搭配 eCVT 变速箱，0 ~ 100km/h 的加速时间仅需6.7s。该车型装配了一块 13.6kW·h 的动力蓄电池，如果使用 3.2kW 的交流电充电，大概需要 4.5h 才能将电池充满。

#### （二）丰田混合动力系统 THS-Ⅱ

##### 1. 丰田混合动力系统 THS-Ⅱ 的结构组成

丰田混合动力系统 THS-Ⅱ 在整车上的布置如图 3-4-2 所示。其主要由发动机、混合动力传动桥、铅酸电池、变频器总成、HV 蓄电池总成、动力管理控制 ECU 和高压线束等组成，其中混合动力传动桥由行星齿轮机构和两个电机组成，可同时实现并联和串联。

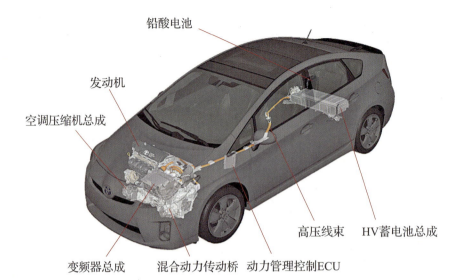

图 3 - 4 - 2　丰田混合动力系统 THS-Ⅱ 在整车上的布置

（1）发动机。

丰田混合动力系统 THS-Ⅱ 的发动机是 1NZ-FXE 型 1.5L 的汽油发动机，采用的是阿特金森循环。丰田把这款发动机活塞表面的浅坑直径减小了，这样活塞对缸内气体的扰动效果就更加明显，该款发动机的热效率超过了 40%。

（2）混合动力传动桥。

混合动力传动桥由 MG1 电机、MG2 电机、行星齿轮机构组成，如图 3 - 4 - 3 所示。混合动力系统 THS-Ⅱ 中带有两台电机——MG1 电机和 MG2 电机。MG1 电机主要作为发电机使用，用于发电，对 HV 蓄电池充电，MG2 电机工作时为其提供电力，同时，还可以作为起动机起动发动机；MG2 电机主要用于驱动汽车，并可以在制动时回收能量为 HV 蓄电池充电。而 MG1 电机、MG2 电机及发动机输出轴被连接到一套行星齿轮机构的太阳轮、齿圈和行星架上。动力分配就是通过功率控制单元控制 MG1 电机和 MG2 电机，通过行星齿轮机构进行分配的。混合动力系统 THS-Ⅱ 没有变速器，发动机输出经过固定减速机构减速后直接驱动车轮。

图 3 - 4 - 3　丰田混合动力系统 THS-Ⅱ 混合动力传动桥

（3）变频器总成。

变频器总成（见图3-4-4）主要由变频器、升压转换器、DC/DC转换器及空调变频器组成。变频器的作用是在HV蓄电池、MG1电机和MG2电机之间进行交流电与直流电的转换；升压转换器用于将HV蓄电池最高电压从201.6V升到500V，或从500V降到201.6V；DC/DC转换器用于将HV蓄电池最高电压从201.6V降到12V，为车身电气组件供电，以及为铅酸电池充电；空调变频器用于将HV蓄电池直流201.6V转换为交流201.6V，为空调系统中的电动变频压缩机供电。变频器总成系统图如图3-4-5所示。

图3-4-4 丰田混合动力系统变频器总成

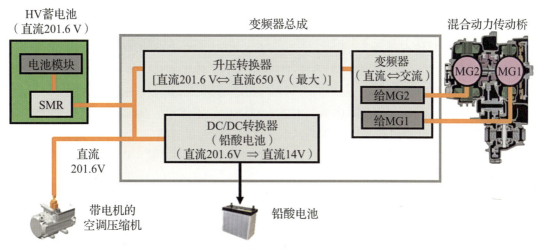

图3-4-5 丰田混合动力系统变频器总成系统图

（4）HV蓄电池总成。

HV蓄电池总成主要由HV蓄电池、电池智能单元、HV蓄电池冷却风扇、接线盒总成和服务插销连接器等组成，如图3-4-6所示。HV蓄电池总成主要用于为混合动力汽车起步、加速和上坡时提供电能及回收制动能量。

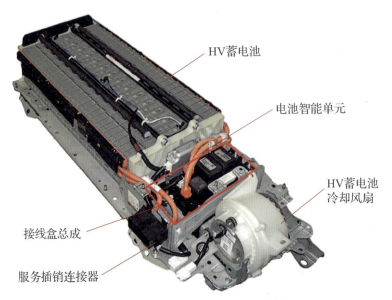

HV蓄电池

电池智能单元

HV蓄电池
冷却风扇

接线盒总成

服务插销连接器

图 3-4-6　丰田混合动力系统 HV 蓄电池总成

**2. 丰田混合动力系统 THS-Ⅱ 的工作模式**

（1）在起动及低速行驶时，因为发动机的效率不高，丰田混合动力系统 THS-Ⅱ 仅利用电机的动力来行驶。

（2）在一般行驶时，发动机效率很高，发动机不仅驱动车辆行驶，同时带动电机给 HV 蓄电池充电。

（3）在减速或制动时，丰田混合动力系统 THS-Ⅱ 以车轮的旋转力驱动电机发电，并将能量回收到 HV 蓄电池。

**（三）丰田混合动力系统 THS-Ⅲ**

与 THS-Ⅱ 相比，丰田混合动力系统 THS-Ⅲ 发生了较大变化，发动机从 1NZ-FXE 型 1.5L 改成了 2ZR-FXE 型 1.8L，发动机功率和转矩的增加，提高了车辆的动力性能。另外，增加了一个行星齿轮组；MG1 电机和 MG2 电机的体积也缩小，从而缩小整个 E-CVT 的体积；链传动改为齿轮传动，传动损耗更小，因此节能效果更明显。除第三代普锐斯和雷克萨斯 CT200H 以外，国内的雷凌双擎、卡罗拉双擎也使用的是混合动力系统 THS-Ⅲ。

**（四）丰田混合动力系统 THS-Ⅳ**

第四代丰田混合动力系统 THS-Ⅳ，与前三代相比，最大的区别就是原来的电机属于串联结构，现在则变成了平衡轴结构，如图 3-4-7 所示。

丰田混合动力系统 THS-Ⅳ 采用了全新的平行双电机结构，前三代 THS 均采用了发动机和 MG1 电机在动力分配行星齿轮组同一侧，MG2 电机在另一侧，三者同轴的模式。丰田混合动力系统 THS-Ⅳ 的变速系统、MG1 电机和发动机依然同轴，但分别布置在行星齿轮组的两侧。MG2 电机通过一个从动齿轮减速后，再与行星齿轮组的齿圈啮合传动。这既能减小传动系统的重量和机械损失，也能提高燃油效率，发动机热效率可达到 40%。

图 3－4－7　丰田混合动力系统 THS-Ⅳ

## 二、比亚迪秦混合动力汽车

### （一）比亚迪 DM 混动技术简介

比亚迪 DM 混动技术即双模技术（Dual Mode），是指比亚迪插电式混合动力技术平台，从 2008 年至今，已经发展出 4 代。比亚迪 DM 混动技术的发展历程如图 3－4－8所示。

图 3－4－8　比亚迪 DM 混动技术的发展历程

#### 1. 第一代 DM 混动系统：国产插电混动的起点

第一代 DM 混动系统的设计理念主要以节能为技术导向，通过双电机与单速减速器的结构搭配 1.0L 自吸三缸发动机，实现了纯电、增程、混动（包括直驱）三种驱动方式。2008 年正式上市的比亚迪 F3 DM 搭载了第一代 DM 混动系统。

### 2. 第二代 DM 混动系统：性能取向，"542 战略"

第二代 DM 混动系统由节能变成性能为技术导向，在运用电机的策略上，由原来的"P1 电机 +P3 电机架构"改成了"P3 电机 +P4 电机架构"的组合，而整套混动系统是"P3 电机 +P4 电机 + 发动机"的组合，至此比亚迪"三擎四驱"的动力总成诞生了。第二代 DM 混动系统成就了比亚迪的"542 战略"（5 代表百公里加速 5s 以内，4 代表全时电四驱，2 代表百公里油耗 2L 以内），并将混动技术从纯省油的传统逻辑中脱离了出来。2013 年上市的比亚迪秦 2014 款搭载了第二代 DM 混动系统。

### 3. 第三代 DM 混动系统：补全短板，提升性能

相较于第二代，第三代 DM 混动系统最大的特点是增加了位于 P0 位置的 BSG 电机，最大功率为 25kW，主要作用是发电 / 起动发动机和在变速箱换挡的时候迅速调整发动机转速，大幅减少了混动行驶时的顿挫感。另外，还配备了更为强劲的 P4 电机，使得百公里加速由原来的 4.9s 提升至 4.3s。第三代 DM 混动系统通过对电机、电控等设备的整合，最终实现了"高压 3 合 1"技术和"驱动 3 合 1"技术，在大幅提高性能的同时，减轻了重量，减小了体积。2018 年上市的比亚迪唐 DM 搭载了第三代 DM 混动系统。

### 4. 第四代 DM 混动系统：双平台战略

2020 年 6 月，比亚迪发布了第四代 DM 混动系统的双平台战略，即"DM-p"和"DM-i"。"p"表示"powerful"，继承了第二代和第三代 DM 混动系统追求动力和极速的结构设计理念，满足追求速度的消费者；"i"表示"intelligent"，继承了第一代 DM 混动系统追求节能和高效的结构设计理念，满足追求用车经济性的消费者。"DM-i"技术目前是比亚迪的主流混动技术，以电为主。比亚迪"DM-i"混动系统主要由 EHS 电混系统、骁云 − 插混专用 1.5L 高效发动机和超级混动专用功率型刀片电池组成，其中 EHS 电混系统采用串并联结构，由双电机、双电机控制器、直驱离合器和单级变速器组成，如图 3 - 4 - 9 所示。

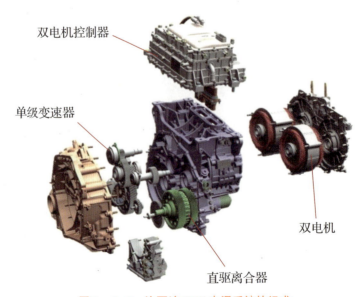

双电机控制器

单级变速器

双电机

直驱离合器

图 3 - 4 - 9　比亚迪 EHS 电混系统的组成

## （二）比亚迪秦混合动力汽车简介

比亚迪秦混合动力汽车是一款搭载 EHS 电混系统的紧凑型车型，目前最新款是比亚迪秦 PLUS DM-i 2023 冠军版，如图 3－4－10 所示。

**图 3－4－10　比亚迪秦 PLUS DM-i 2023 冠军版**

该车搭载比亚迪 EHS 电混系统，发动机为骁云－插混专用 1.5L 高效发动机，采用了 15.5∶1 的高压缩比阿特金森循环、EGR 废气再循环、中置式 DVVT、集成式排气歧管、双节温器等技术，最大功率为 81kW，最大扭矩为 135N·m，发动机最高热效率达到了 43.04%。

电机方面，该车采用永磁同步电机，电机总功率为 145kW，电动机总扭矩为 325N·m，采用容量为 18.32kW·h 的磷酸铁锂刀片电池。传动系统为 E-CVT 变速箱，在 EHS 电混系统的加持下，WLTC 综合油耗为 1.58L/100km，官方百公里加速时间为 7.3s，亏电油耗为 3.8L/100km，并支持快充及对外放电等功能。

比亚迪秦 PLUS DM-i 搭载的 EHS 电混系统可以实现纯电行驶、串联行驶、并联行驶、动能回收、发动机直驱等模式，提升了发动机的工作效率和燃油经济性。

## 三、长城汽车——柠檬混动 DHT

2020 年 12 月，长城正式发布柠檬 DHT 混动技术平台，目前上市车型包括玛奇朵 DHT（见图 3－4－11）、玛奇朵 DHT PHEV、拿铁 DHT 和摩卡 DHT PHEV。

**图 3－4－11　玛奇朵 DHT**

长城汽车柠檬混动 DHT 的整个系统架构可概括为"1-2-3"，即一套
DHT 高集成度油电混动系统、两种动力架构、三套动力总成。结构方
面，长城汽车柠檬混动 DHT 以"七合一"高效能多模混动总成为核心，
主要包括 1.5L/1.5T 混动专用发动机、定轴式两挡变速器、GM/TM 双电
机等，如图 3 - 4 - 12 所示。

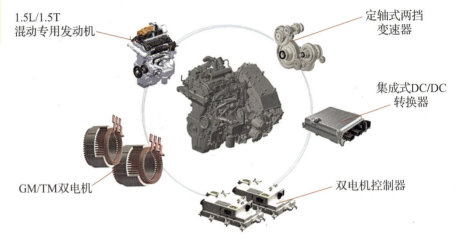

**图 3 - 4 - 12　柠檬混动 DHT 系统**

1.5L 混动专用发动机 +DHT100 动力总成采用阿特金森燃烧循环，发动机压缩比高达
13 ∶ 1，燃油热效率达到 41%。定轴式两挡变速器主要是弥补主流混动系统在高速行驶时
加速能力不足的短板，低时速电机驱动让行驶和加速体验更接近纯电行驶，从而达到更高
的混动效率和稳定性。

## 四、吉利汽车——雷神智擎 Hi·X

吉利的全新一代混动系统——雷神智擎 Hi·X 主要由两个核心部件组成：混动专用
发动机（1.5TD 和 2.0TD）和混动专用变速器（DHT 1 挡变速器和 DHT Pro 3 挡变速器）。

雷神混动系统中的 DHE15（1.5T）混动专用发动机，是世界上首款量产的增压直喷混
动专用发动机，采用了高压直喷、增压中冷、米勒循环、低压 EGR 四大先进技术，其热
效率高达 43.32%。

雷神混动系统还拥有全球首个量产的三挡混动变速器——DHT Pro，集成了两个电机
（一个为发电机，另一个为驱动电机）、两个电机控制器和三挡速比的变速增扭机构，可以
实现纯电驱动、油电混合驱动、智能发电、智能能量分配和三挡变速增扭功能。

此外，DHT Pro 混动变速器还可以与智能电子电气架构 GEEA2.0 结合，实现混动系
统 FOTA 升级，可识别驾驶人的驾驶习惯、道路的拥堵情况，实现驾驶模式自适应、自学
习与自调节等 20 种智能工作模式。

混动专用发动机 + 三挡混动变速器，20km 以上可实现并联模式。

雷神智擎 Hi·X 首先被搭载在吉利星越 L（见图 3 - 4 - 13）上，未来将被搭载在吉
利、领克等品牌的其他车型上。

图 3 - 4 - 13 吉利星越 L

## 本章小结

　　混合动力汽车是能够至少从可消耗的燃料和可再充电能 / 能量储存装置两类车载储存的能量中获得动力的汽车，主要由动力系统、控制系统、底盘、车身和辅助电器五个部分组成。

　　混合动力汽车按照动力系统结构形式不同，可划分为串联式、并联式和混联式三种；按照混合度不同，可划分为微混合型、轻度混合型和重度混合（强混合）型三种；按照外接充电能力不同，可划分为外接充电型和非外接充电型两种。

　　混合动力汽车的驱动方式包括电力驱动、发动机驱动和混合动力驱动等，针对不同的工况，通过合理分配动力驱动方式，使系统处于最优状态，从而实现节能减排的目标。

　　混合动力汽车的混合动力技术包括丰田普锐斯混合动力汽车的 THS 油电混合动力系统、比亚迪秦混合动力汽车的 DM 混动技术、长城汽车的柠檬混动 DHT 技术和吉利汽车的雷神智擎 Hi·X 混动技术。

# 第四章

# 纯电动汽车

 学习目标

知识目标：1. 掌握纯电动汽车的定义与特征。
2. 掌握纯电动汽车的结构。
3. 掌握纯电动汽车的原理。
4. 掌握纯电动汽车的驱动方式。
5. 掌握国内外纯电动汽车典型车型的特点。

能力目标：1. 具有识别纯电动汽车结构的能力。
2. 具有查找资料、文献等获取信息的能力。

素养目标：1. 培养良好的分析问题和解决问题的能力。
2. 培养沟通能力及团队协作精神。
3. 培养 6S 管理执行力。

建议学时

10 个学时。

课程导入

纯电动汽车作为以车载电源为动力，用电机驱动车轮行驶，符合道路交通、安全法规各项要求的车辆，与传统内燃机汽车相比，具有排放零污染、噪声小、结构简单、维修方便、能量转换利用率高等优点。纯电动汽车主要由电源系统、驱动电机系统、整车控制器和辅助系统等组成。不同类型的纯电动汽车，其结构和工作特性也有所不同。下面我们就从纯电动汽车的结构与原理、纯电动汽车的驱动方式及纯电动汽车的典型车型等方面来认识纯电动汽车。

知识储备

## 第一节　纯电动汽车的结构与原理

纯电动汽车是一种以车载电源为动力，用电机驱动车轮行驶，符合道路交通、安全法规各项要求的车辆，由于对环境影响比传统内燃机汽车小，其前景被广泛看好。目前纯电动汽车的生产厂商有很多，不同的生产厂商对纯电动汽车技术术语的定义略有不同。我国主要依据国家标准《电动汽车术语》(GB/T 19596-2017) 进行定义。

## 一、纯电动汽车的定义与特征

### （一）纯电动汽车的定义

纯电动汽车是指驱动能量完全由电能提供的、由电机驱动的汽车。电机的驱动电能来源于车载可充电储能系统或其他能量储存装置。

### （二）纯电动汽车的特征

与传统内燃机汽车相比，纯电动汽车有一些典型的特征：

（1）取消了内燃机，改用动力蓄电池加电机的方式来驱动汽车。

（2）不再需要加注燃油，改用外部电网对车辆进行充电来续航车辆行驶里程。

（3）延续使用传统内燃机汽车的大部分系统或部件，如转向系统、车身电器等。

（4）能量主要通过柔性的电线传递，因此各部件的布置具有很高的灵活性。

## 二、纯电动汽车的结构

纯电动汽车的结构

从"电池大王"到"汽车梦想"

纯电动汽车主要由电力驱动控制系统、汽车底盘、车身及各种辅助装置等组成。除电力驱动控制系统外，其他部分的功能及结构组成基本与传统内燃机汽车相同，不过有些部件根据所选的驱动方式不同，已被简化或省略。典型的纯电动汽车主要包括电源系统、驱动电机系统、整车控制器和辅助系统。

电源系统主要包括动力蓄电池、动力蓄电池管理系统、车载充电机及辅助动力源等。

驱动电机系统主要包括电机控制器和驱动电机。

整车控制器根据驾驶人输入的加速踏板和制动踏板的信号，向电机控制器发出指令，对电机进行控制。在纯电动汽车减速和下坡滑行时，整车控制器配合电源系统的动力蓄电池管理系统进行发电回馈，对动力蓄电池反向充电。

辅助系统包括车载信息显示系统、动力转向系统、导航系统等，借助这些辅助设备来提高汽车的操纵性和乘员的舒适性。典型的纯电动汽车结构如图4-1-1所示。

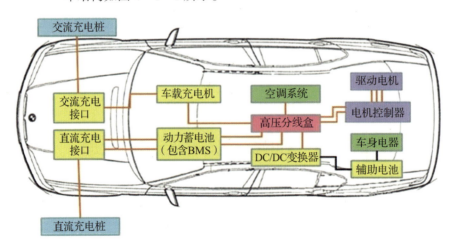

图4-1-1　典型的纯电动汽车结构

### （一）动力蓄电池

动力蓄电池也称动力蓄电池、高压动力蓄电池组或高压电池组，为纯电动汽车动力系统提供能量。目前市场上的纯电动汽车动力蓄电池主要采用的是锂电池，包括磷酸铁锂电池、钴酸锂电池及三元锂电池，能够实现电池的循环充放电。

目前大多数的纯电动汽车动力蓄电池都是安装在车辆的底部，没有过多地占用乘客舱的空间。一般纯电动汽车动力蓄电池安装位置如图4-1-2所示。

动力蓄电池

图4-1-2　动力蓄电池在汽车中的安装位置

动力蓄电池通常由多个电池单体按照串、并联的方式连接而成，虽然每个电池单体的电压仅为3.7V左右，但经过将多个电池单体先进行并联再串联，实现整个电池组的容量和电压进一步增大。

### （二）动力总成

动力总成是纯电动汽车的动力输出部分，内部主要包括三相电机和减速齿轮机构，如果是前驱的车辆，该系统部件通常安装在前机舱内。

在典型的纯电动汽车动力总成内部，可以看到一个用于驱动的电机和连接电机转子的齿轮机构，更明显的是变速单元的上方还有连接逆变器的三根高压电缆，如图4-1-3所示。

电机是变速单元的重要核心组成部件，用于电能与机械能之间的相互转换。目前大多数纯电动汽车采用三相电机，其中三相永磁同步电机（见图4-1-4）使用得最为广泛。

图4-1-3　典型的纯电动汽车动力总成

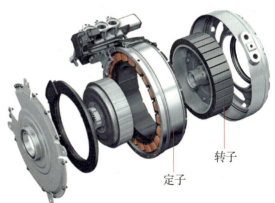

转子

定子

图4-1-4　三相永磁同步电机

电机主要由定子和转子组成，定子通常是缠绕三相线圈的部分，与变速单元壳体固定。转子一般采用永磁结构，与变速单元输出齿轮机构连接，是旋转输出部分。

### （三）逆变器

逆变器是变速单元的主控部件，通常位于电机变速单元的上方，如图 4-1-5 所示。

逆变器的一端连接来自动力蓄电池的高压直流电，另一端连接驱动电机单元的三相交流电缆。它主要用于将来自动力蓄电池的直流电转换为可用于驱动电机的三相交流电，同时在制动能量回收时，将来自电机产生的交流电转换成直流电，给动力蓄电池充电。

大多数车辆将逆变器与控制模块集成在一起，实现逆变器的功能和管理电机的运转。

逆变器的内部结构和工作原理图如图 4-1-6 所示。该逆变器的特点是不仅具有控制

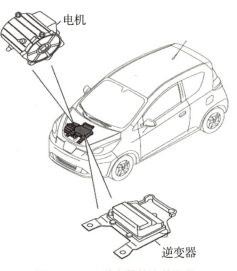

图 4-1-5 逆变器的安装位置

电机和 DC/DC 转换器的组合功能，还具有将直流电通过脉宽调制的方式转换为三相交流电的功能。为了使电压具有交流电的特性，产生正半波或负半波的脉宽调制的宽度为调制后脉宽，并用电容器来滤波。

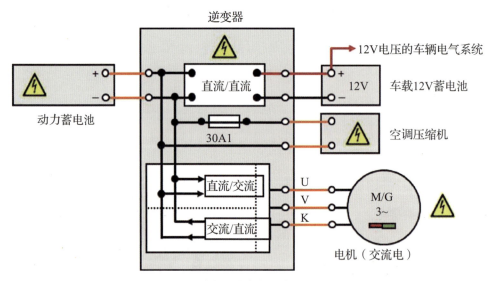

图 4-1-6 逆变器的内部结构和工作原理图

### （四）车载充电机与充电接口

充电系统通常利用外接 220V 交流电源，通过充电接口接入车载充电机，车载充电机再通过交、直流转换，使 220V 交流电转换成直流电给动力蓄电池充电。充电系统组成部件的安装位置如图 4-1-7 所示。

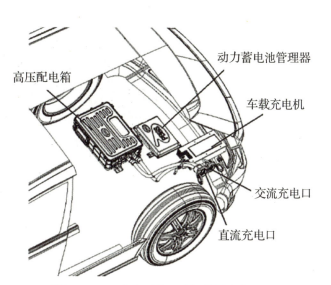

图 4-1-7　充电系统组成部件的安装位置

### （五）DC/DC 转换器

DC/DC 转换器用于车载 12V 电源系统，通常被安装在前机舱内或者后备厢中。

DC/DC 转换器将动力蓄电池的高压直流电转换为低压 12V 直流电，提供给车载低压用电设备，如给 12V 蓄电池充电、给前/后照灯及车内灯光供电等。

### （六）高压电缆

纯电动汽车连接高压电气部件之间的电缆都属于高压电缆，即高电压导线。

电缆的外部绝缘层颜色采用标准的橙色。高压电缆及电缆连接器（见图 4-1-8）需要满足国家高压安全标准，同时由于高压部件之间电流会很大，因而采用的电缆直径都在 5mm 以上。

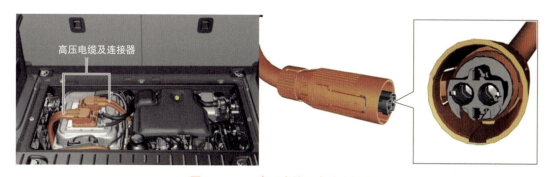

图 4-1-8　高压电缆及电缆连接器

### （七）组合仪表

纯电动汽车的仪表（见图 4-1-9）设计外观、安装位置与传统内燃机汽车相同，但是在仪表指示灯及显示功能上与传统内燃机汽车有区别，主要表现在：

（1）取消了发动机转速表，增加了功率输出表。

（2）取消了原有的燃油位置表，增加了电池电量表。

（3）取消了原来与发动机有关的一些故障警告灯，如机油压力警告、水温警告灯等，新增了动力蓄电池温度警告灯、电机温度警告灯等。

### （八）辅助电气系统

纯电动汽车的辅助电气系统包括低压电源系统、充电系统、冷却系统、暖

图 4-1-9　纯电动汽车的仪表

风与空调系统、制动系统、电动转向系统、自动起停系统、车身电器、车载局域网络系统、车载互联系统，以及与传统内燃机汽车基本一致的其他辅助电气系统等。

（1）低压电源系统。没有了内燃机，纯电动汽车不再设计有发电机，车辆上用电设备的供电和 12V 蓄电池的充电，都是由纯电动汽车配置的动力蓄电池通过 DC/DC 转换器来提供的。

（2）充电系统。充电系统是纯电动汽车的能源补给系统，为车辆持续行驶提供动力能源。

（3）冷却系统。纯电动汽车没有曲轴皮带驱动，驱动电机和驱动电机控制器的冷却只能依靠一个单独的电动水泵来完成冷却水的循环。

（4）暖风与空调系统。纯电动汽车的空调采用电动方式来驱动压缩机，在暖风实现的形式上，纯电动汽车通常利用电加热的方式来产生暖风。其中，电加热的方式有两种，一种是通过加热冷却液，再经过循环为暖风水箱提供热量，另一种是直接加热经过蒸发箱的空气实现暖风。

（5）制动系统。纯电动汽车的液压制动系统的基本组成与传统内燃机汽车区别不大，但是在液压制动系统的真空辅助助力系统和制动主缸两个部件上存在较大的差异。纯电动汽车液压制动系统的辅助助力不再有来自内燃机的真空源，通常需要单独设计一个电动真空泵来为真空助力器提供真空源。

（6）电动转向系统。大多数纯电动汽车采用电动转向系统，即在原机械转向系统的基础上安装一个电机，作为转向的辅助动力。

（7）车身电器。纯电动汽车的车身电器包括为全车提供电源的低压电源供给和常规车身电器部件。常规车身电器部件包括灯光、中控门锁、信息娱乐系统、电动门窗等。

## 三、纯电动汽车的原理与运行模式

### （一）纯电动汽车的驱动原理

纯电动汽车的电力驱动系统替代了传统内燃机汽车的内燃机和变速器，依靠动力蓄电池、逆变器和电机变速单元实现车辆的驱动。

纯电动汽车的基本驱动系统结构示意图如图 4-1-10 所示。当驾驶人踩下加速踏板

时，车辆控制模块将控制动力蓄电池输出电能，然后通过控制逆变器驱动电机运转，电机输出的转矩经齿轮机构带动车轮前进或后退。

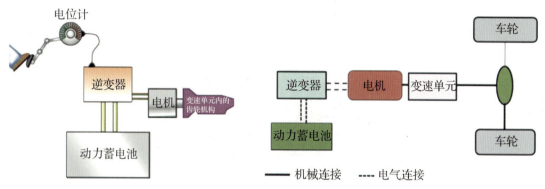

图 4-1-10　纯电动汽车的基本驱动系统结构示意图

### （二）纯电动汽车的驱动过程

纯电动汽车的驱动动力来源是动力蓄电池，来自动力蓄电池内的电能并不是一直处于输出状态的，在纯电动汽车中还设计有能够将车辆制动时无用的能量回收到动力蓄电池的机构。

纯电动汽车驱动过程中能量的流动主要有以下两条路径：

（1）驱动车辆。驱动车辆时，来自动力蓄电池的能量通过逆变器，再进入电机变速单元实现车辆驱动。

（2）回收制动能量。制动或车辆减速时，变速单元内的电机将变成发电机，将能量通过逆变器传回动力蓄电池，为动力蓄电池充电。

### （三）主要控制模块

纯电动汽车能够实现在不同路况环境下，快速反应并顺利驱动车辆，满足驾驶人的需求，并不仅仅是依靠几个驱动部件来完成的，整个驱动系统还需要一套完善的控制模块，即整车控制器（VCU）、电机控制器（MCU）和动力蓄电池管理系统（BMS），安装位置如图 4-1-11 所示。这三个控制器是纯电动汽车的核心技术，对整车的动力性、经济性、可靠性和安全性等有着重要影响。

（1）整车控制器（VCU）。整车控制器通常安装在车身上。整车控制器是全车动力系统的主控制模块，是实现整车控制决策的核心，类似于传统内燃机汽车动力系统控制模块 PCM 的功能。整车控制器通过采集加速踏板、挡位、制动踏板等信号来判断驾驶人的驾驶意图；通过监测车辆状态（车速、温度等）信息，由整车控制器判断处理后，向动力系统、动力蓄电池管理系统发送控制命令，同时控制车辆其他系统的运行模式。

（2）电机控制器（MCU）。电机控制器通常位于逆变器内部。电机控制器是电机的主控制模块，通过接收整车控制器的车辆行驶控制指令，控制电机输出指定的扭矩和转速，驱动车辆行驶。电机控制器实现把动力蓄电池的直流电能转换为所需的高压交流电并驱动电机输出机械能。同时，电机控制器还会利用各种传感器采集车辆信息，并将运行状态的信息发送给整车控制器。电流传感器用来检测电机工作的实际电流。电压传感器用来检测供给逆变器工作的实际电压。温度传感器用来检测电机控制系统自身的工作温度。

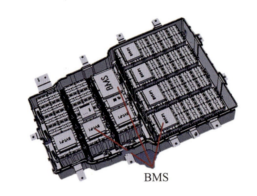

BMS

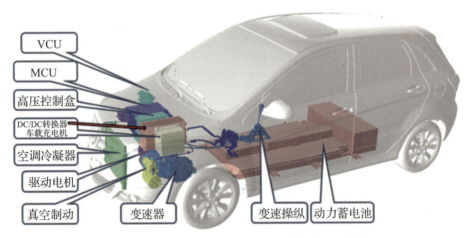

图 4-1-11　纯电动汽车主要控制模块的安装位置

（3）动力蓄电池管理系统（BMS）。动力蓄电池管理系统通常位于动力蓄电池组总成内部。动力蓄电池管理系统是动力蓄电池关键的控制模块，用于检测动力蓄电池内电池单体的电压、电流，并实现多个电池单体之间的均衡控制。

### （四）纯电动汽车的运行模式

纯电动汽车的运行模式较为简单，主要包括动力模式和显示等附属模式。

#### 1. 纯电动汽车的动力模式

纯电动汽车的主控制模块是整车控制器（VCU）。纯电动汽车运行时，由整车控制器采集加速踏板和挡位状态信息，来判断驾驶人的驾驶意图，并结合动力系统部件状态，协调动力驱动系统输出动力。另外，整车控制器还会同时协调动力蓄电池、热交换系统运行和仪表显示等辅助功能。

（1）加速前进。

整车控制器读取挡位（P、R、N、D）信息及制动开关信号，根据加速踏板的位置信号，发送给逆变器控制电机功率、方向的输出。

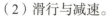

（2）滑行与减速。

滑行或者减速的时候，整车控制器能够进行制动能量的回收。制动能量通过驱动电机转换为电能储存到动力蓄电池中。

（3）运行中的动力模式管理。

整车控制器不间断利用各个传感器采集车辆状态，计算并输出期望的扭矩。

动力蓄电池管理系统随时检测电池的运行状态，并及时传送给整车控制器。整车控制器结合这些状态信息及当前的功率输出需求来平衡高压电能功率的使用，并通过仪表显示出来。

### 2. 纯电动汽车续驶里程的运行策略

大多数纯电动汽车的续驶里程都可以达到 120km 以上，但是，在车辆的实际运行中，整车控制器还会持续计算剩余的电池能量和当前的驾驶模式，根据车辆剩余的可用电能，车辆通常也会采取相应的提示和限制措施。

纯电动汽车运行模式与动力蓄电池剩余电量的关系如图 4 - 1 - 12 所示，其中，横坐标表示动力蓄电池剩余电量。

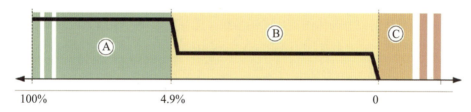

图 4 - 1 - 12 纯电动汽车运行模式与动力蓄电池剩余电量的关系

不同电量区域内，车辆采用的运行模式见表 4 - 1 - 1。

表 4 - 1 - 1 不同电量区域内车辆的运行模式

| 状态 | 特点 | 原因 | 显示 / 提醒 |
|---|---|---|---|
| 区域 A（不受限行驶） | 可最大限度地进行制动能量回收利用；全部车载电气设备均可使用 | 动力蓄电池充电状态处于最佳范围内 | 正常功能显示 |
| 区域 B（有限驱动功率行驶） | 降低驱动功率以保护组件；可能无法提供全部车载电气设备功能 | 动力蓄电池电量过低 | 类似电池电量低提醒符号 |
| 区域 C（高电压系统已停用） | 由于高电压系统无法再提供能量，因此驱动系统和车载电气设备不再运行 | 高电压系统切换为无电压 | 类似电池电量关闭提醒符号 |
| 无法进行制动能量回收利用 | 松开踏板时，不通过电动驱动装置使车辆减速 | 动力蓄电池无法吸收电能（如已充满电或电池温度不允许） | 类似制动能量回收系统关闭提醒符号 |

# 第二节　纯电动汽车的驱动方式

纯电动汽车的驱动电机系统由驱动电机与驱动操纵系统组成，其结构形式不同，采用的驱动方式也不同。纯电动汽车的驱动方式主要包括集中式驱动和分布式驱动两种。任何一种电机均可与不同的传动系统组合成集中式驱动或分布式驱动，并组成不同形式的系列化纯电动汽车。经过几十年的发展，新开发和研制出来的纯电动汽车的动力性能已经可以与传统内燃机汽车相媲美。纯电动汽车的驱动系统比传统内燃机汽车的驱动系统更加先进，结构更为紧凑。现代纯电动汽车大多数装备了专用电机，有利于实现机电一体化和自动控制。

## 一、集中式驱动

集中式驱动是在传统内燃机汽车的基础上改装而来的，具有结构简单、电机控制、维修简单等优点，具体可以分为传统集中驱动系统、无变速器集中驱动系统和集成式集中驱动系统三种驱动系统。

### （一）传统集中驱动系统

#### 1. 结构

早期的纯电动汽车大多是在传统内燃机汽车的基础上改装的，利用驱动电机代替内燃机，离合器、变速器和差速器的布置形式与传统内燃机汽车的布置形式一致，如图 4-2-1 所示。

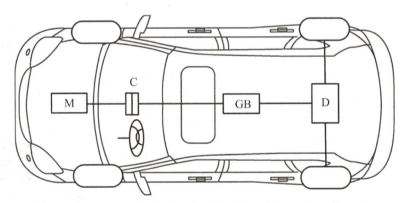

M—电机；C—离合器；GB—变速器；D—差速器

**图 4-2-1　传统集中驱动系统的布置形式**

#### 2. 特点及应用

传统集中式驱动与传统内燃机汽车结构接近，用电机代替内燃机，通过传动系统将电机的转矩传递到驱动车轮上使汽车行驶，在传统内燃机汽车结构的基础上，稍加改动即可，具有操作技术成熟、安全可靠的优点。但其存在底盘结构相对复杂、车内空间狭小、体积较大、传动效率低、控制复杂等缺点。2011
年上市的东南菱悦 V3-EV 手动挡汽车，就
是一款典型的使用传统集中驱动系统的汽
车，如图 4-2-1 所示。该车采用前置前驱
形式，驱动电机的最大功率为 50kW，最大
转矩为 180N·m，配备高性能的磷酸铁锂
电池，最高时速可达 120km/h，最大续驶里
程可达 160km。

图 4-2-2　东南菱悦 V3-EV

### （二）无变速器集中驱动系统

#### 1. 结构

无变速器集中驱动系统是一种特殊的驱动系统，其结构主要由电机、固定速比减速器
和差速器等组成，如图 4-2-3 所示。该系统省去了传统驱动系统中的变速器和离合器，
采用固定速比减速器实现减速增扭的功能，然后将动力直接传递给车轮，即发展成无变速
器的传动形式。

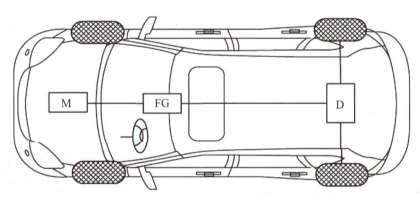

M—电机；FG—固定速比减速器；D—差速器

图 4-2-3　无变速器集中驱动系统的布置形式

#### 2. 特点及应用

无变速器集中驱动系统具有结构简单、质量轻、传动效率高等优点。此外，由于省去
了换挡操作，车辆的操控性能和驾驶体验也得到了显著提升。然而，该系统对电机的要求
较高，需要具备较高的功率和扭矩输出能力。同时，在城市拥堵路况下，无变速器集中驱
动系统可能会因为固定速比无法进行变速
操作而造成能耗较高。因此，该系统适
用于中高速行驶和动力需求较高的车型，
如特斯拉 Model 3 长续航后驱版（见图
4-2-4）、Model S Plaid 和蔚来 ES7 等。

### （三）集成式集中驱动系统

#### 1. 结构

图 4-2-4　特斯拉 Model 3 长续航后驱版

集成式集中驱动系统与无变速器集中驱动系统类似，但是驱动电机、固定速比减速器

和差速器被进一步整合为一体，布置在驱动轴上，整个驱动传动系统被大大简化和集成化，如图 4-2-5 所示。但是这样的布置形式要求有低速大转矩、速度变化范围大的电机。

集成式集中
驱动系统

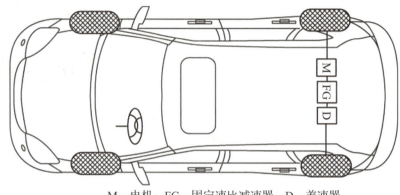

M—电机；FG—固定速比减速器；D—差速器

图 4-2-5 集成式集中驱动系统的布置形式

### 2. 特点及应用

集中式驱动电机在控制上可以实现同步控制和异步控制，实现不同转矩、速度和功率的变化，使用很灵活。此外，集中式驱动电机的控制精度高、反应时间短、控制响应快且准确。

丰田汽车公司的 RAV4EV 纯电动汽车（见图 4-2-6）采用专用的一体化（即集成式）集中驱动系统，第一代产品采用镍氢电池作为动力，第二代产品是由丰田与美国特斯拉（Tesla）汽车公司合作研发的一款纯电动汽车。电机采用永磁同步电机，最大输出功率为 50kW，最大转速为 4 600r/min，减速齿轮减速比为 1∶9.45。动力方面，第二代丰田 RAV4EV 的纯电动系统是由美国特斯拉汽车公司提供的，其锂电池组的最大容量为 30kW·h，用家庭插座（220V）一次充满电用时约 8h，在满电情况下，可续驶 161km。

图 4-2-6 丰田 RAV4EV 纯电动汽车

## 二、分布式驱动

分布式驱动的主要结构特征是将驱动电机直接安装在车轮内或者车轮附近，根据车轮、电机和减速器/变速器的相对位置分成了两种驱动方案：轮边电机驱动系统和轮毂电机驱动系统。分布式驱动具有结构紧凑、质量小、传动效率高等优点，从而增加了纯电动汽车的动力性能及续驶里程等。

### （一）轮边电机驱动系统

#### 1. 结构

轮边电机驱动系统是将串激电机、行星排和差速器组合在一起的结构，每个电机单独完成一侧车轮的驱动任务，如图4－2－7所示。在车辆进行曲线行驶时，两侧的电机分别在不同的转速下工作，可以实现纯前驱、纯后驱、四驱、倒车等多种驱动模式。

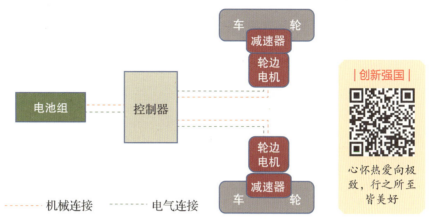

**图4－2－7　轮边电机驱动系统的布置形式**

### 2. 特点及应用

轮边电机驱动系统具有结构紧凑、质量小、传动效率高等优点，从而增加了纯电动汽车的动力性能及续驶里程。2010年比亚迪公司生产的K9纯电动客车（见图4－2－8）就采用了轮边直连式驱动系统，车身长12m，整车续驶里程达到300km，燃料消耗成本不到同类燃油车的1/3。

**图4－2－8　比亚迪 K9 纯电动客车**

### （二）轮毂电机驱动系统

#### 1. 结构

轮毂电机驱动系统是将电机直接安装在车轮内，布置简单、通过性好，省略了大量传动部件，可实现多种复杂的驱动方式，如图4－2－9所示。

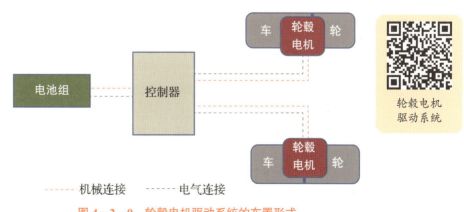

**图4－2－9　轮毂电机驱动系统的布置形式**

轮毂电机驱动系统包括外转子型轮毂电机驱动系统和内转子型轮毂电机驱动系统两种，如图4－2－10所示。

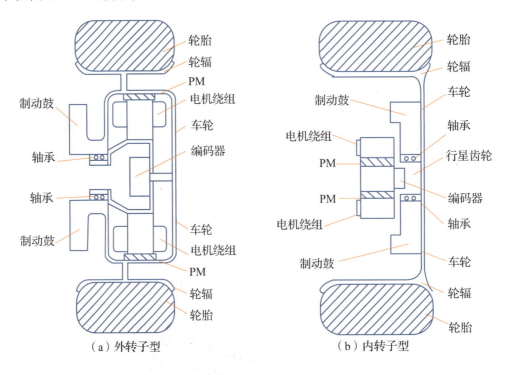

（a）外转子型　　　　　　　　　　　（b）内转子型

图4－2－10　两种轮毂电机驱动系统的内部结构

**2. 特点及应用**

（1）外转子型轮毂电机驱动系统。

外转子型轮毂电机驱动系统是将外转子电机直接安装在车轮的轮辋内，中间无须采用减速机构，直接驱动车轮转动，从而带动汽车行驶。此系统具有结构紧凑、效率较高、比功率高、响应速度快等优点。纯电动汽车在起步及加速时需要较大的转矩，即安装在电动轮中的外转子轮毂电机在这些行驶模式下必须能提供大转矩，以满足整车的动力性。外转子型轮毂电机驱动系统中未采用中间减速机构，为了使汽车能够有较好的动力性，外转子型轮毂电机还必须具有很宽的转矩和转速调节范围。

由于外转子型轮毂电机工作产生一定的冲击和震动，因而要求车轮轮辋和车轮支承必须坚固、可靠。同时，由于非簧载质量加大，要保证车辆的舒适性，要求对悬架系统弹性元件和阻尼元件进行优化设计，电机输出转矩和功率也受到车轮尺寸的限制，系统成本高。

米其林电动轮为外转子型轮毂电机驱动系统。安装主动车轮的米其林纯电动汽车Will（见图4－2－11）车身长2.5m、四座，0至30km/h的加速时间为2.8s，续驶里程为120km，整车总质量为600kg，最高车速为90km/h。

（2）内转子型轮毂电机驱动系统。

外转子型轮毂电机驱动系统虽然有各种优点，但起步及加速时需要较大转矩，为获得较好动力性，不得不增加电机的体积和质量，非簧载质量加大，而车轮轮辋空间有限，造成布置困难及行驶稳定性的一些问题。而内转子型轮毂电机驱动系统则可以在一定程度上解决这些问题。

图 4 - 2 - 11　米其林纯电动汽车 Will

　　内转子型轮毂电机驱动系统是将内转子电机装在车轮的轮辋内，且带有减速机构。这种驱动系统允许电机在高速下运行，可采用普通的内转子高速电机，电机的最高转速可以设计在 4 000～20 000r/min，可以获得较高的比功率，而对电机的其他性能没有特殊要求。内转子电机的输出轴通过减速机构与车轮驱动轴连接，使电机轴承不直接承受车轮与路面的载荷作用，改善了轴承的工作条件；减速机构采用固定速比行星轮减速器，使系统具有较大的调速范围和输出转矩，起到减速和增矩的作用，从而保证纯电动汽车在低速时能够获得足够大的转矩，同时也解决了在车轮尺寸有限的情况下由电机性能引起的电机尺寸大而难以布置的问题。

　　KAZ 轮毂驱动纯电动汽车为日本 Keio（庆应）大学所研发的零排放污染汽车，如图 4 - 2 - 12 所示。KAZ 的外形是由意大利 I.DEA 研发机构设计，结合了 6 700mm×1 950mm×1 675mm 车身尺寸、四周共 8 只16 寸轮胎（其中 6 轮负责转向）组合，就像是一只八脚大毛虫，而 KAZ 那奇特的造型，要将它归类为传统轿车或加长型豪华轿车等都不太适合，而是趋近于一部前所未有的 MPV。KAZ 的动力来自底盘上的锂电池（充电 1h 可行驶约 300km），它将动力系统一体化浓缩在 8 只轮胎内，减少了机械空间，以增加内部乘坐空间，其最大马力为 590hp。根据实地测试，KAZ 的 0 至100km/h 起步加速约在 7s 内完成（最高时速可达 310km 以上）。

图 4 - 2 - 12　KAZ 轮毂驱动纯电动汽车

## 第三节　纯电动汽车的典型车型

　　当今的纯电动汽车市场中涌现了一系列引人注目的车型，它们超越了传统内燃机汽车的局限，展现出无与伦比的创新和环保特性。这些旗舰车型革命性地采用了纯电动驱动系统，在提供强劲动力的同时，也减少了对环境的负面影响。这些车辆以其优雅的外观、充满未来感的内饰和卓越的性能而闻名，给人带来惊喜和愉悦。无论是城市日常通勤还是长途旅行，这些纯电动车型都以其高效、安全和智能的特点成为现代人出行的理想选择。

## 一、比亚迪秦 PLUS EV 2023 冠军版

比亚迪秦 PLUS EV 2023 冠军版是比亚迪旗下的紧凑型汽车，如图 4－3－1 所示。2023年 4 月 27 日，比亚迪秦 PLUS EV 2023 冠军版在北京正式上市，此次新车共推出 6 款车型，包 括 420km、510km、610km 三个续航版本。比亚迪秦 PLUS EV 2023 冠军版 420KM 超越型相关配置见表 4－3－1。

图 4－3－1　比亚迪秦 PLUS EV 2023 冠军版

表 4－3－1　比亚迪秦 PLUS EV 2023 冠军版 420KM 超越型相关配置

| ■尺寸参数 | |
| --- | --- |
| 长 × 宽 × 高（mm×mm×mm） | 4 765 × 1 837 × 1 515 |
| 轴距（mm） | 2 718 |
| 轮距前 / 后（mm） | 1 580/1 580 |
| 轮胎规格 | 215/55 R17 |
| ■动力性能 | |
| 电机类型 | 永磁同步电机 |
| 电机最大功率（kW） | 100 |
| 电机最大扭矩（N·m） | 180 |
| 纯电续航里程（km） | 420 |
| 电池容量（kW·h） | 48 |
| 快充时间（h） | 0.5 |
| 0 至 50km/h 加速时间（s） | 5.5 |
| 最高车速（km/h） | 130 |

比亚迪秦 PLUS EV 2023 冠军版在外观设计上进行了全面升级，新增的墨玉蓝外观和暖阳棕内饰，让该车型的质感更加升级。

在技术升级方面，比亚迪秦 PLUS EV 2023 冠军版全系搭载了 e 平台 3.0 核心技术，八合一电动力总成提升了总成效率，使系统体积和重量都有所下降。

同时，该车型还采用了宽温域高效热泵系统，降低了空调能耗，低温续航能力大幅提升，更加高效、稳定、省电，更适合消费者的使用需求。

比亚迪秦 PLUS EV 2023 冠军版配置丰富，尤其是内饰，看起来很有档次感，色彩搭配也很新潮。

### （一）主要高压部件布置

比亚迪秦 PLUS EV 2023 冠军版前部主要有八合一电动力总成，车辆后部有动力蓄电池和充电接口等，如图 4－3－2 所示。

图 4 - 3 - 2　比亚迪秦 PLUS EV 2023 冠军版主要高压部件布置

## （二）主要部件识别

### 1. 八合一电动力总成

比亚迪秦 PLUS EV 2023 冠军版采用 e 平台 3.0 核心技术，搭载了比亚迪最新的八合一电动力总成，将驱动电机、电机控制器、减速器、车载充电机、整车控制器、电池管理器、高压配电箱和直流变换器集成在一起，如图 4 - 3 - 3 所示。通过功能模块的系统高度集成，达到提高空间利用率、减轻重量等目的，具备高度集成、高功率密度、高效率的特点。

图 4 - 3 - 3　八合一电动力总成的结构组成

### 2. 动力蓄电池

比亚迪秦 PLUS EV 2023 冠军版采用了比亚迪最新刀片电池，电池包达到 IP67 的防水防尘等级，并通过更加严苛的检测，带来更高的安全稳定性。通过电池单体的安全空间设计，实现抗挤压强度大于或等于 120kN/m，全方位保护电池包；车身与底护板的一体化设计、电池与托盘之间的气凝胶布置，以及电池包内换热结构上方放置的隔热材料，能够尽可能减弱环境对电池的影响，打造电池包的"保温盒"，配合动力蓄电池温控管理系统，使电池工作在适宜的温度区间，延长电池的使用寿命。

经过实际测试检验，比亚迪秦 PLUS EV 2023 冠军版搭载的最新刀片电池，即使在钢针穿刺、挤压断裂、梯度升温、高压过充，甚至底部严重割裂等极端情况下，均无起火爆炸现象。

### 3. 充电接口

比亚迪秦 PLUS EV 2023 冠军版支持车载快充和慢充的充电方式。布置在车辆左侧的充电接口（见图 4-3-4）和车载充电机用于将来自家用的 220V 交流电转换为 330V 直流电给动力蓄电池充电。图 4-3-4 中位于右侧的是快速充电接口，利用专用的充电站 30min 内电量可从 30% 充至 80%；左侧是普通慢速充电接口，可连接家用 220V 交流电源。

图 4-3-4 充电接口

## 二、吉利帝豪 EV450

吉利帝豪 EV450 是一款由吉利汽车公司研发和生产的纯电动车型，如图 4-3-5 所示。它采用了最先进的电动动力系统，搭载高性能的电池组和电机，为用户提供出色的动力和续航能力。它的外观设计时尚而动感，结合了车身线条的流畅性和紧凑性，展现出帝豪品牌的独特魅力。吉利帝豪 EV450 进取型相关配置见表 4-3-2。

图 4-3-5 吉利帝豪 EV450

表 4-3-2 吉利帝豪 EV450 进取型相关配置

| ■尺寸参数 | |
| --- | --- |
| 长 × 宽 × 高（mm × mm × mm） | 4 631 × 1 789 × 1 495 |
| 轴距（mm） | 2 650 |
| 轮距前 / 后（mm） | 1 502/1 492 |
| 轮胎规格 | 205/50 R17 |

续表

| ■动力性能 | |
|---|---|
| 电机类型 | 永磁同步电机 |
| 电机最大功率（kW） | 120 |
| 电机最大扭矩（N·m） | 250 |
| 纯电续航里程（km） | 400 |
| 电池容量（kW·h） | 52 |
| 快充时间（h） | 0.5 |
| 0 至 100km/h 加速时间（s） | 9.3 |
| 最高车速（km/h） | 140 |

吉利帝豪 EV450 拥有国际领先的三电技术，采用宁德时代三元锂电池，综合工况续驶里程可达 400km 以上，60km/h 等速续航里程超过 450km。该车型全系标配 ITCS 2.0 电池智能温控管理系统，常态保持三元锂电池的最佳工作状态，确保整车高效充放电，技术在中国品牌纯电动汽车领域处于领先位置。该车型以强大的三电技术为支撑，实现能效正向高效循环，首创"能效金三角"三电集成系统，成为其强大的核心技术基石，如图 4-3-6 所示。

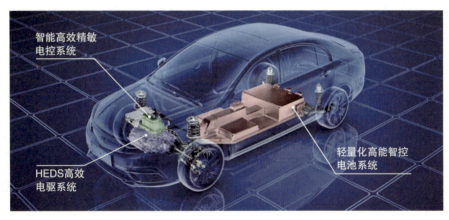

图 4-3-6　吉利帝豪 EV450 三电集成系统

HEDS 高效电驱系统，输出效能高达 96%。

轻量化高能智控电池系统，142.07W·h/kg 高密度宁德时代三元锂电池领先行业，52kW·h 高容电量为整车提供源源不断的能量。

智能高效精敏电控系统，高精度全工况响应率，提升整车能效，精准稳定，安全可靠。搭载 ITCS 2.0 电池智能温控管理系统，有效减少外部气温对电池的影响，在 -30℃～50℃温度区间都可正常、高效充电，确保电池性能，解决极端天气出行难题。

## （一）主要高压部件布置

纯电动汽车高压部件一般主要包括电机控制器、高压配电箱、车载充电机、动力蓄电池、驱动电机、充电接口等。而吉利帝豪 EV450 将车载充电机和高压配电箱集成在一起，将电机控制器和 DC/DC 转换器集成在一起，如图 4-3-7 所示。

图 4 - 3 - 7　吉利帝豪 EV450 主要高压部件位置

## （二）主要部件识别

### 1. 电机控制器

图 4 - 3 - 8 所示为吉利帝豪 EV450 的电机控制器，其内部包含一个逆变器和一个 DC/DC 转换器。逆变器由 IGBT 模块、高压薄膜电容、主控电路板等组成，可以实现直流变交流、直流变直流。DC/DC 转换器由高低压功率器件、变压器、电感、信号控制电路板等组成。

1—驱动电机；2—电机控制器

图 4 - 3 - 8　吉利帝豪 EV450 的电机控制器

电机控制器中的 DC/DC 转换器将动力蓄电池端的高压直流电转换成指定的低压直流电，供给车辆的 12V 低压电源系统，一般实际输出在 14V 左右，给全车低压设备供电并给 12V 蓄电池充电。

### 2. 车载充电机

图 4 - 3 - 9 所示为吉利帝豪 EV450 的车载充电机。车载充电机是纯电动汽车的充电设备，负责将交流电转换为直流电，为电池充电。车载充电机的充电功率为 6.6kW，使用 220V 家用电就可以为车辆充电。如果使用直流快充，可以在 30min 内充 80% 的电量。

车载充电机由上、中、下三层组成，上层是高压配电箱，中间层为散热层，下层为车载充电机控制模块。高压配电箱主要把动力蓄电池电压通过两块跨接板分配到直流充电口、电机、空调、PTC。高压配电箱上还连接了各个高压插头的高压互锁线束及开盖保护开关，以防止在上电期间误开盖而引发触电事故。

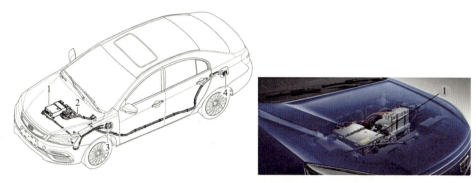

1—车载充电机；2—高压电缆；3—交流充电接口；4—直流充电接口

图4-3-9　吉利帝豪EV450的车载充电机

### 3. 动力蓄电池

吉利帝豪EV450采用了来自CATL的52kW·h三元锂电池组，电池能用150 000km，综合工况续驶里程超过400km。

吉利帝豪EV450的动力蓄电池位于车辆底部（见图4-3-10），由多个小电池组成，单个电池重量为13kg，整个电池包的重量仅为384kg，能量密度达到了142.07W·h/kg。该电池组具备高效节能、安全可靠、使用寿命长等优点。

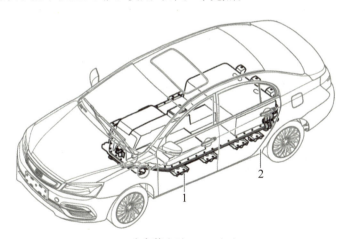

1—动力蓄电池；2—车身

图4-3-10　吉利帝豪EV450的动力蓄电池安装位置

### 4. 驱动电机

图4-3-11所示为吉利帝豪EV450驱动电机的安装位置。驱动电机是电动力系统的重要执行机构，是电能与机械能的转换部件，自身的运行状态等信息可以被采集到电机控制器上，依靠内部的传感器来提供电机的工作信息。旋变传感器提供转子的位置信息、转速及方向，温度传感器提供温度信号。

永磁同步电机的结构与直流电动机结构相似，因此具备结构简单、运行可靠、功率密度大、调速性能好等特点，与此同时，永磁同步电机普遍采用矢量控制技术，所以在噪声控制和精度调节上做得更出色。吉利帝豪 EV450 电机的额定功率为 42kW，峰值功率为 120kW，额定转矩为 105 N·m，峰值转矩为 250 N·m。

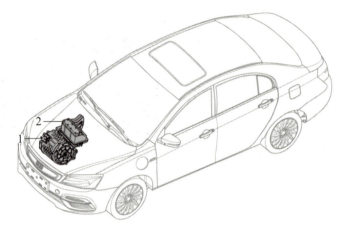

1—驱动电机；2—电机控制器

图 4 - 3 - 11　吉利帝豪 EV450 驱动电机的安装位置

### 5. 充电接口

吉利帝豪 EV450 的慢充接口（交流充电接口）在车身左前翼子板处，快充接口（直流充电接口）位于左后传统的加油口位置，如图 4 - 3 - 12 所示。

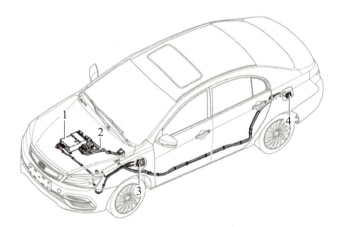

1—车载充电机；2—高压电缆；3—交流充电接口；4—直流充电接口

图 4 - 3 - 12　吉利帝豪 EV450 快、慢充电接口的安装位置

慢充接口就是用随车附送的慢速充电器连接家用的 220V 单相电进行充电，使用 6.6kW 慢充桩需要 9h 才能从 0 充到 100%，若使用 3.3kW 家用慢充盒需要 19h 才能充满。使用慢充有助于延长电池的使用寿命。此外，慢充口还解锁了一个新功能，即可以通过随车附送的放电线输出 220V 交流电为便携式的用电设备供电。

快充由 30% 充到 80% 只需 30min，能够兼容公共设施的快、慢充电桩。根据不同充电模式，吉利帝豪 EV450 的充电时间不同。

## 三、特斯拉 Model Y

特斯拉 Model Y 是特斯拉研发的一款中型 SUV，如图 4－3－13 所示。该车型于 2019 年 3 月 15 日在洛杉矶发布，整车重心位于车辆底部中间位置，且拥有高强度的车身结构及充裕的撞击缓冲区，有效降低人员受伤风险。

图 4－3－13　特斯拉 Model Y

特斯拉 Model Y 拥有标准版、长续航版、双电机全驱版及性能版四种车型。表 4－3－3 为特斯拉 Model Y 标准版的相关配置。

表 4－3－3　特斯拉 Model Y 标准版的相关配置

| ■尺寸参数 | |
| --- | --- |
| 长 × 宽 × 高（mm×mm×mm） | 4 750×1 921×1 624 |
| 轴距（mm） | 2 890 |
| 轮距前 / 后（mm） | 1 636/1 636 |
| 轮胎规格 | 255/45 R19 |
| ■动力性能 | |
| 电机类型 | 永磁同步电机 |
| 电机最大功率（kW） | 220 |
| 电机最大扭矩（N·m） | 440 |
| 纯电续航里程（km） | 525 |
| 电池容量（kW·h） | 60 |
| 快充时间（h） | 1 |
| 0 至 100km/h 加速时间（s） | 5.6 |
| 最高车速（km/h） | 217 |

特斯拉 Model Y 标准版拥有全景玻璃车顶、黑化的全车镀铬装饰、15 英寸中央触控屏等设计，且标配高级内饰和高级音响系统。新车还配备高效微粒过滤器（HEPA）和生物武器防御模式，可很大程度确保乘客免受严重空气污染的危害。除此之外，作为中型 SUV，特斯拉 Model Y 标准版还有电动尾门和可放平的后排座椅，后备厢空间可一键扩容，极具灵活性与功能性。

### （一）主要高压部件布置

特斯拉 Model Y 高压系统由高压电池组、高压电池组维修面板、前驱动单元、后驱动单元、高压电缆、充电接口等组成，如图 4 - 3 - 14 所示。

1、5—高压电缆；2—热泵总成；3—前驱动单元（仅限双电机车型）；4—高压电池组；
6—高压电池组维修面板；7—后驱动单元；8—高压母线；9—充电接口

图 4 - 3 - 14　特斯拉 Model Y 主要高压部件布置

### （二）主要部件识别

#### 1. 驱动单元

特斯拉 Model Y 的驱动单元由电动驱动单元和电压转换器组成，是车辆行驶的重要装置，其安装位置如图 4 - 3 - 15 所示。

驱动单元

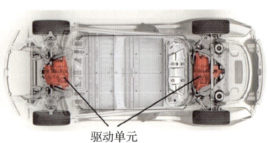

驱动单元

图 4 - 3 - 15　特斯拉 Model Y 的驱动单元安装位置

驱动单元是车辆行驶的核心部件，包括电机、控制器、减速器等装置，能够将电池中的电能转换为机械能，驱动车辆行驶。电压转换器是将电池中的高压直流电转换为可控制的交流电，为电机提供动力。如果驱动单元出现故障，则车辆将无法行驶。

### 2. 高压电池组

特斯拉 Model Y 高压电池组位于车辆底部，由多个小电池单元组成，每个小电池单元包含 46 个电芯，通过串联和并联连接在一起，形成高压电池组，如图 4-3-16 所示。

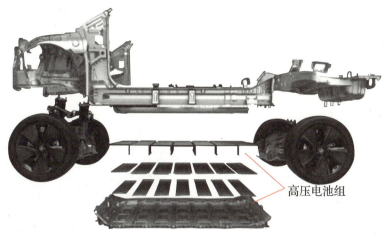

高压电池组

图 4-3-16　特斯拉 Model Y 高压电池组

高压电池组是车辆行驶的关键部件，为车辆提供动力。如果高压电池组出现故障，则车辆将无法行驶。为了保证高压电池组的正常运行，特斯拉采用了先进的动力蓄电池管理系统，对电池进行实时监控和控制。同时，为了保障人员安全，特斯拉采用了燃爆式保险装置，当高压部件出现电流过载、过充、过放及事故触发碰撞信号时，动力蓄电池管理系统会快速触发燃爆式保险装置，迅速切断高压电源，防止高压电对人员造成伤害。

### 3. 高压电缆

特斯拉 Model Y 高压电缆是连接车辆动力系统的重要部件，包括电缆连接器、电缆线束和相关附件等，如图 4-3-17 所示。

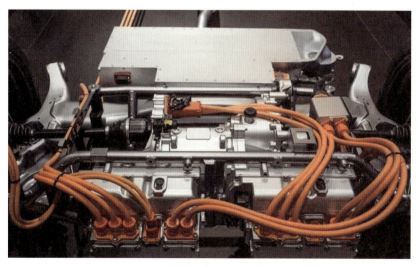

图 4-3-17　特斯拉 Model Y 高压电缆布置

高压电缆用于传输车辆动力系统的高压电流和信号，连接车辆的电机、充电控制器和其他高压电气设备。如果高压电缆出现故障，则可能导致车辆无法起动或充电，甚至可能对人员安全造成威胁。为了保证高压电缆的可靠性，特斯拉采用了高强度、耐高温、耐磨损的电缆材料和连接器设计，并采用了先进的生产工艺和质量控制系统。同时，为了保障人员安全，特斯拉在高压电缆的设计中采用了多重保护机制，如快速熔断保护、过载保护、短路保护等。

### 4. 充电接口

特斯拉 Model Y 的充电接口位于车辆左侧后尾灯总成上的一个盖板后面，如图 4-3-18 所示。可以将车辆停放在平地上，确保充电电缆可以轻松够到充电接口。

充电接口处有两个充电模式，分别是特斯拉官方充电桩和国标充电桩。特斯拉官方充电桩可以提供更高的充电功率，但需要额外购买，国标充电桩则可以提供较慢的充电速度。在购买和安装充电桩之前，需要确保有足够的电源插座和电路容量，以及进行简单的电路检查。

图 4-3-18　特斯拉 Model Y 充电接口的安装位置

### 本章小结

纯电动汽车，是指驱动能量完全由电能提供的、由电机驱动的汽车。电机的驱动电能来源于车载可充电储能系统或其他能量储存装置。

典型的纯电动汽车主要包括电源系统、驱动电机系统、整车控制器和辅助系统。

纯电动汽车的电力驱动系统替代了传统内燃机汽车的内燃机和变速器，依靠动力蓄电池、逆变器和电机变速单元实现车辆的驱动。

纯电动汽车的驱动电机系统由驱动电机与驱动操纵系统共同组成，其驱动方式主要包括集中式驱动和分布式驱动两种。

集中式驱动具有结构简单、电机控制、维修简单等优点，具体可以分为传统集中驱动系统、无变速器集中驱动系统和集成式集中驱动系统三种驱动系统。

分布式驱动的主要结构特征是将驱动电机直接安装在车轮内或者车轮附近，包括两种驱动方案：轮边电机驱动系统和轮毂电机驱动系统，具有结构紧凑、质量小、传动效率高等优点。

纯电动汽车的典型车型主要有比亚迪秦 PLUS EV 2023 冠军版、吉利帝豪 EV450 和特斯拉 Model Y 标准版等。

# 第五章

# 燃料电池汽车

## 学习目标

知识目标：1. 了解燃料电池汽车的定义和基本特征。

2. 掌握燃料电池汽车的结构和工作原理。

3. 了解燃料电池汽车的关键技术。

4. 掌握国内外燃料电池汽车典型车型的特点。

能力目标：1. 具有识别燃料电池汽车类型的能力。

2. 具有查找资料、文献等获取信息的能力。

素养目标：1. 培养良好的分析问题和解决问题的能力。

2. 培养沟通能力及团队协作精神。

3. 培养自主学习的能力。

## 建议学时

6 个学时。

## 课程导入

我国作为世界上最大的汽车市场，发展燃料电池汽车有着重要的战略意义。《新能源汽车产业发展规划（2021—2035 年）》明确提出，要加快推进氢能源和燃料电池汽车的技术创新和产业发展，到 2035 年，燃料电池汽车的市场占比达到 10% 以上。为了实现这一目标，我国出台了一系列政策措施以促进燃料电池汽车的市场化和规模化，其中包括提供财政补贴、加强基础设施建设、制定标准规范、支持示范运营等。展望未来，燃料电池汽车有着巨大的发展潜力和发展空间。

知识储备

## 第一节　燃料电池汽车的结构与原理

### 一、燃料电池汽车的定义和特征

#### （一）燃料电池汽车的定义

燃料电池汽车是指动力系统主要由燃料发动机、燃料箱（氢瓶）、电机和动力蓄电池等组成，采用燃料电池发电作为主要能量源，通过电机驱动的汽车。与普通的纯电动汽车相比，燃料电池汽车的不同在于它采用的电力来自车载燃料电池装置，而纯电动汽车所用的电力来自可充电的蓄电池。

#### （二）燃料电池汽车的特征

燃料电池汽车主要有以下特征：

（1）绿色环保。燃料电池汽车主要使用的是氢燃料电池，排放物是水，绿色无污染。

（2）能量转换率高。燃料电池汽车的电能直接通过化学反应产生，无热能转换过程，故不受卡诺循环的限制，实际能量转换效率高达50%～70%，能量转换率高。

（3）燃料来源广泛。燃料电池汽车的氢燃料能通过多种途径得到，或直接携带纯氢燃料，或装有燃料重整器将烃类燃料转化为富氢气体。

（4）运行平稳、低噪声。燃料电池汽车无热机工作的噪声，也无机械传动的噪声和震动，因此相较于传统内燃机汽车，燃料电池汽车有运行平稳、低噪声的优点。

### 二、燃料电池汽车的类型

虽然燃料电池汽车的发展历史不长，但由于它的优点突出，因此燃料电池汽车已成为世界范围内新能源汽车企业开发的热点，且不断涌现出不同类型的燃料电池汽车。

#### （一）按有无蓄能装置分类

根据燃料电池汽车是否配备蓄能装置，可把燃料电池汽车分为纯燃料电池汽车和混合型燃料电池汽车两大类。

##### 1.纯燃料电池汽车

纯燃料电池汽车是以燃料电池系统作为单一动力源的电动汽车。这种类型的燃料电池汽车，要求燃料电池的功率大，并且无法回收汽车制动能量。目前，纯燃料电池汽车应用较少。纯燃料电池汽车的结构原理如图5-1-1所示。

##### 2.混合型燃料电池汽车

混合型燃料电池汽车是以燃料电池系统与可充电储能系统作为混合动力源的电动汽

车，车上除燃料电池以外，还安装了储能装置（动力蓄电池、超级电容和飞轮电池等）。由于储能装置可协助供电，因而可适当减少燃料电池的功率；还可以利用储能装置将汽车制动时的能量进行回收，从而提高燃料电池汽车的能量利用率。目前市面上的燃料电池汽车多采用混合型结构。混合型燃料电池汽车的结构原理如图 5－1－2 所示。

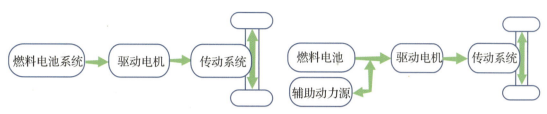

图 5－1－1　纯燃料电池汽车的结构原理　　　图 5－1－2　混合型燃料电池汽车的结构原理

## （二）按燃料电池与蓄电池的电路结构关系分类

根据混合燃料电池汽车中燃料电池和蓄电池的电路结构关系，混合型燃料电池汽车可分为串联式和并联式两种。

### 1. 串联式燃料电池汽车

串联式燃料电池汽车的燃料电池相当于车载发电装置，通过 DC/DC 转换器进行电压转换后对蓄电池充电，再由蓄电池向电机提供驱动车辆的全部电力。串联式燃料电池汽车的优点是可采用小功率的燃料电池，其缺点是要求蓄电池的容量和功率要足够大，并且蓄电池在电化学转换过程中有能量损失。目前，串联式燃料电池汽车较为少见。

### 2. 并联式燃料电池汽车

并联式燃料电池汽车由燃料电池和蓄电池共同向电机提供电力。根据燃料电池与蓄电池的配置，又可将其分为大燃料电池型和小燃料电池型两种。大燃料电池型汽车主要由燃料电池提供电力，蓄电池的容量较小，只是协助供电和进行能量回收；小燃料电池型汽车则采用大容量的蓄电池，由蓄电池提供主要的电力，由燃料电池辅助供电。并联式是目前燃料电池汽车应用较多的形式。

## （三）按提供的燃料不同分类

根据燃料电池所需要的燃料不同，燃料电池汽车又可分为直接燃料电池汽车和重整燃料电池汽车两大类。

### 1. 直接燃料电池汽车

直接燃料电池汽车的燃料主要是纯氢。采用纯氢作燃料的燃料电池汽车，氢燃料的储存方式有压缩氢气、液态氢和合金（碳纳米管）吸附氢等几种。

### 2. 重整燃料电池汽车

重整燃料电池汽车的燃料主要有汽油、天然气、甲醇、甲烷、液化石油气等。重整燃料电池汽车需设置重整装置，将其他燃料转化为燃料电池所需的氢。比如，甲醇重整燃料电池汽车需要对甲醇进行 200℃ 左右的加热以分解出氢，汽油重整燃料电池汽车也需要对汽油进行 1 000℃ 左右的加热以分解出氢。重整燃料电池汽车的结构要比直接燃料电池汽车复杂得多。

直接燃料电池汽车对储氢装置的要求较高，但相比于重整燃料电池汽车，它有结构简单、质量轻、能量效率高、成本低等优点。因而，目前的燃料电池汽车大都是以纯氢为车载氢源。

## 三、燃料电池汽车的构成与工作原理

### （一）燃料电池汽车的构成

燃料电池汽车主要由燃料电池、高压储气罐、燃料电池升压器、驱动电机、动力控制装置（包括 DC/AC 转换器等）、辅助动力源等组成。燃料电池汽车的基本构成如图5-1-3所示。

燃料电池汽车的构成

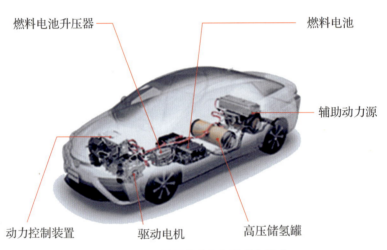

图 5-1-3　燃料电池汽车的基本构成

### 1. 燃料电池

燃料电池是一种以电化学反应方式将燃料的化学能转换为电能的高效发电装置。丰田Mirai 燃料电池堆如图5-1-4所示。

燃料电池发电的基本原理是：电池的阳极（燃料极）输入氢气（燃料），氢分子（$H_2$）在阳极催化剂作用下被离解成为氢离子（$H^+$）和电子（$e^-$），氢离子（$H^+$）穿过燃料电池的电解质层向阴极（氧化极）方向运动，电子（$e^-$）因通不过电解质层而由一个外部电路流向阴极；在电池阴极输入氧气（$O_2$），氧气在阴极催化剂作用下离解成为氧原子（O），与通过外部电路流向阴极的电子（$e^-$）和燃料穿过电解质层的氢离子（$H^+$）结合生成稳定结构的水（$H_2O$），完成电化学反应放出热量。只要阳极

图 5-1-4　丰田 Mirai 燃料电池堆

不断输入氢气，阴极不断输入氧气，电化学反应就会连续不断地进行下去，电子（$e^-$）就

会不断通过外部电路流动形成电流，从而连续不断地向汽车提供电力。这种电化学反应属于一种没有物体运动就能获得电力的静态发电方式。因而，燃料电池具有效率高、噪声低、无污染物排出等优点。

根据电解质类型的不同，燃料电池主要分为以下 6 种：质子交换膜燃料电池（PEMFC）、甲醇燃料电池（DMFC）、磷酸盐燃料电池（PAFC）、碱性燃料电池（AFC）、熔融盐燃料电池（MCFC）和固体氧化物燃料电池（SOFC）。其中，质子交换膜燃料电池以其功率密度大、重量轻、体积小、寿命长、工艺成熟、可低温下快速起动等突出优点，被认为是车用燃料电池的理想型技术方案，也是当前应用广泛且较为成熟的技术路径。表 5-1-1 所示为目前较常见的燃料电池类型。

表 5-1-1  目前较常见的燃料电池类型

| 类 型 | 项 目 | | | | | |
| --- | --- | --- | --- | --- | --- | --- |
| | 电解质 | 燃料 | 工作温度（℃） | 电效率（%） | 制造商 | 应用 |
| 磷酸盐燃料电池（PAFC） | 磷酸盐 | 天然气、氢 | 182～210 | 40 | ONSI 公司 | 固定电源 |
| 质子交换膜燃料电池（PEMFC） | 磺酸聚合物 | 天然气、氢 | 80～100 | 30～40 | 艾维斯塔、PP公司等 | 汽车、移动电源 |
| 熔融盐燃料电池（MCFC） | 锂、钾碳酸盐 | 天然气、合成气 | 593～704 | 43～44 | IHI、日立、西门子 | 工业及公共电源 |
| 固体氧化物燃料电池（SOFC） | 稳态钇氧化锆 | 天然气、合成气 | 649～1 815 | 50～60 | 霍尼韦尔公司 | 固定电源 |

为满足汽车的使用要求，车用燃料电池还必须具有高比能量、低工作温度、起动快、无泄漏等特性。在众多类型的燃料电池中，质子交换膜燃料电池完全具备这些特性，所以燃料电池汽车所使用的燃料电池都是质子交换膜燃料电池。

**2. 高压储气罐**

高压储气罐是储存氢气的装置，用于给燃料电池供应氢气。用高压储气罐储存氢气时要用低温保温装置来保持低温，低温保温装置是一套复杂的系统。为保证燃料电池汽车一次充气有足够的行驶里程，一般轿车会配备 2～4 个高压储氢罐。

**3. 燃料电池升压器**

燃料电池系统中，发出的电能还需要经过燃料电池升压器的升压才能供给驱动电机使用。最终的输出电压必须达到一定数值，从而满足驱动电机的最大输出需求。图 5-1-5 所示为丰田 Mirai 燃料电池汽车的燃料电池升压器。

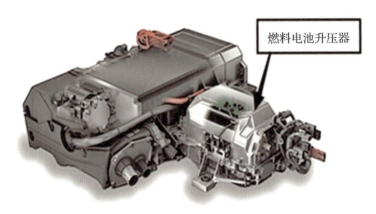

图 5-1-5　丰田 Mirai 燃料电池汽车的燃料电池升压器

### 4.驱动电机

燃料电池汽车的驱动电机主要有直流电机、交流电机、永磁同步电机、开关磁阻电机等，具体选型需结合整车开发目标，综合考虑电机的特点。图 5-1-6 所示为丰田 Mirai 燃料电池汽车的驱动电机。

### 5.动力控制装置

动力控制装置主要由燃料电池发动机管理系统（FCE-ECU）、动力蓄电池管理系统（BMS）、动力控制系统（PCU）及整车控制系统（VMS）组成。

图 5-1-6　丰田 Mirai 燃料电池汽车的驱动电机

（1）燃料电池发动机管理系统。燃料电池发动机管理系统按整车控制器的功率设定值控制燃料电池发动机的功率输出，监测其工作状态，保证其稳定可靠地运行，同时进行故障诊断及管理。系统具体组成包括供氢系统、供氧系统、水循环及冷却系统。

（2）动力蓄电池管理系统。动力蓄电池管理系统分上、下两级，下级负责动力蓄电池组电压、温度等物理参数的测量，进行过充电过放电保护及组内组间均衡；上级负责动力蓄电池组的电流检测及剩余电量（SOC）估算，以及相关的故障诊断，同时运行高压漏电保护策略。

（3）动力控制系统。动力控制系统包含 DC/DC 转换器、DC/AC 转换器、数据通信线 DCL、空调控制器和空调压缩机变频器，以及电机冷却系统控制器。DC/DC 转换器的作用主要是升压、稳压，协调燃料电池和蓄电池负荷，限制燃料电池最大输出电流和最大功率，DC/AC 转换器主要是起到交、直流电转换的作用，电机冷却系统控制器负责电机及动力控制系统的水冷却系统控制。

（4）整车控制系统。整车控制系统的核心是多能源控制系统（包括制动能量回馈功能），它一方面接收来自驾驶人的需求信息（如点火开关、加速踏板、制动踏板、挡位信息等），实现整车工况控制；另一方面基于反馈的实际工况（如车速、制动、电机转速等），以及动力系统的状况（燃料电池及蓄电池的电压、电流等），根据预先匹配好的多能源控制系统进行能量分配调节控制。燃料电池汽车动力电控系统的结构框图如图 5-1-7 所示。

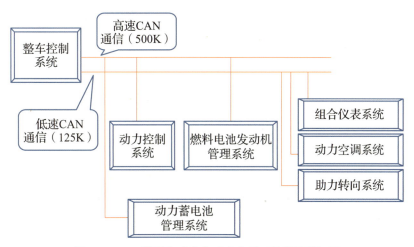

图 5-1-7　燃料电池汽车动力电控系统的结构框图

### 6.辅助动力源

根据燃料电池汽车设计方案的不同，其所采用的辅助动力源也有所不同，如使用动力蓄电池、飞轮储能器、超级电容器等共同组成燃料电池汽车的双电源系统。大多数燃料电池汽车中的辅助动力源主要是把燃料电池多余的电量和车辆行驶过程中回收的电能储存起来，以供车辆急加速及车载用电器使用。

### (二) 燃料电池汽车的工作原理

燃料电池汽车的工作原理是：作为燃料的氢在汽车搭载的燃料电池中，与大气中的氧气发生氧化还原化学反应，产生电能来带动电机工作，由电机带动汽车中的机械传动结构，进而带动汽车的前桥（或后桥）等传动机械结构工作，从而驱动燃料电池汽车行驶，如图 5-1-8 所示。

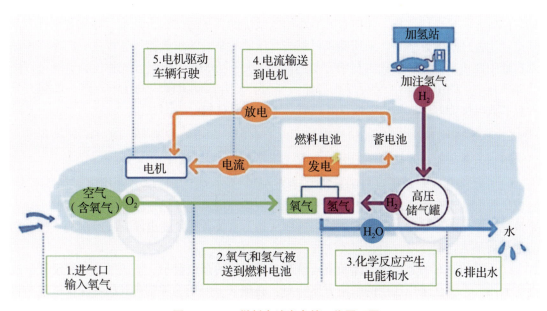

图 5-1-8　燃料电池汽车的工作原理图

（1）氧气从前进气隔栅进入，并到达燃料电池内与氢气发生反应。

（2）储氢罐中的氢气进入燃料电池与氧气反应。

（3）氢气和氧气在燃料电池中发生化学反应，并生成电能和水。

（4）生成的电能将供给电机。

（5）电机使用燃料里生成的电力驱动汽车，反应产生的剩余电能将存入辅助动力蓄电池中。

（6）最后排出的唯一尾气只是燃料电池堆产生的水。

燃料电池的化学反应结果会产生极少的二氧化碳和氮氧化物，副产品主要是水，因此，燃料电池汽车被称为绿色新型环保汽车。

## 四、燃料电池汽车的关键技术

### （一）燃料电池系统

燃料电池是燃料电池汽车发展的最关键技术之一。车用燃料电池系统的核心是燃料电池堆。燃料电池堆技术发展趋势可用耐久性、低温起动性、净输出功率及制造成本 4 个要素来评判。燃料电池堆研究正在向高性能、高效率和更高耐久性方向发展。降低成本也是燃料电池堆研究的目标，降低成本的有效手段是减少材料（电催化剂、电解质膜、双极板等）的费用，降低加工费（膜电极制作、双极板加工和系统装配等）。但是如何在材料价格与系统性能之间取得平衡，依然需要继续研究。另外，燃料电池系统还需要攻克许多工程技术壁垒，包括系统起动与关闭时间、系统能量管理与变换操作、电堆水热管理模式及低成本高性能辅助设施（包括空气压缩机、传感器和控制系统）等。

### （二）车载储氢系统

储氢技术是氢能利用走向规模化应用的关键。目前，常见的车载储氢系统有高压储氢、低温储存液氢和金属氢化物储氢 3 种基本方案。综观现有储氢方案，除了低温储存液氢技术，其他技术都不能完全达到以上指标。而低温储存液氢的成本与能耗都很大，作为车载储氢并不是最佳选择。如何有效减小储氢系统的质量与体积，是车载储氢技术开发的重点。比较理想的方案是，采用储氢材料与高压储氢复合的车载储氢新模式，即在高压储氢容器中装填质量较轻的储氢材料。与纯高压（大于 40MPa）储氢方式相比，这既可以降低储氢压力（约 10MPa），又可以提高储氢能力。复合式储氢模式的技术难点是如何开发吸氢和放氢性能好、成型加工性良好、质量轻的储氢材料。

### （三）整车热管理

燃料电池汽车整车热管理有以下三个方面需要关注：

（1）燃料电池发动机自身的运行温度为 60℃～70℃，与环境温度相比，温差不大，造成燃料电池汽车无法像传统内燃机汽车一样依赖环境温差散热，转而必须依赖整车动力系统提供额外的冷却动力为系统散热，这样从动力系统效率角度出发是不经济的，两者之间的平衡是热管理开发方面必须关注的。

（2）目前整车各零部件的体积留给整车布置回旋的余地很小，造成散热系统设计的改良空间不大，无法采用通用的解决方案应对，必须开发专用的零部件（如特殊构造或布置的冷凝器、高功率的冷却风扇等），这样就要求有丰富的整车散热系统的基础数据以支持相关开发设计，而这点正好是目前国内整车企业所欠缺的。

（3）燃料电池汽车采用纯电动压缩机作为空调系统的动力源，因而在做整车散热系统需求分析时，空调系统性能需求作为整车散热系统的"负载"因素也成为散热系统开发的技术难点。

### （四）整车及动力系统的参数选择与优化设计

燃料电池汽车的整车性能参数是整个燃料电池动力系统开发的信息输入，而虚拟配置的动力系统特性参数也影响整车性能。两者之间的参数选择是一个多变量、多目标的优化设计过程，而且参数的选择与行驶工况和控制策略紧密相关，只有在建立准确的仿真模型的基础上经过反复寻优计算，才可能达到较好的设计结果。

### （五）多能源动力系统的能量管理策略

能量管理策略对燃料经济性影响很大，而且受到动力系统参数和行驶工况的双重影响。

作为能量管理策略的一部分，制动能量回收是提高燃料经济性的重要措施，也是一个难点问题，必须综合考虑制动稳定性、制动效能、驾驶人感觉、蓄电池充电接受能力等限制条件。

以上燃料电池汽车的主要关键技术，对整车的动力性、经济性和安全性影响非常大，是整个燃料电池汽车产业需要解决的核心问题。

| 中国力量 |

燃料电池国际标准舞台再现"中国智慧"

## 五、我国燃料电池汽车发展中存在的主要问题

随着我国经济的快速发展，我国汽车产业进入了黄金时代，但是化石燃料匮乏、全球气候变暖和环境污染等问题也日趋严重。因此，大力发展新能源汽车，成为我国保护环境、节约能源的主要措施。氢燃料电池汽车凭借零污染、零噪声的特点受到高度重视。氢燃料电池汽车前景可观，然而也受到产业链不完善、电池生产成本高、氢能基础设施落后等影响，我国燃料电池汽车发展中存在的主要问题有以下几点。

### （一）燃料电池汽车产业链尚未形成

我国燃料电池汽车的产业链较长，主要包括两大部分：第一部分是燃料电池系统及关键部件；第二部分是整车生产。与传统内燃机汽车相比较，燃料电池汽车增加了氢燃料系统和车载供氢系统。受到国内工业水平的影响，目前在实际生产中，其核心部件和关键基础材料仍然依赖进口。而产业链所涉及的主要零部件（包括氢气循环泵、增湿器、质子交换膜等）目前主要依托于国外供应商。国内许多龙头企业发挥产业链的带头作用尚不足，氢燃料电池系统中的核心技术缺失，这些都给未来发展燃料电池汽车带来一定的影响。

### （二）燃料电池的生产成本较高

据统计燃料电池系统占据整车成本的50%，氢燃料电池（电堆）占据了氢燃料电池系统成本的60%，而造成氢燃料电池成本高的原因主要是氢燃料电池结构工艺制造的特殊性和燃料电池的制造材料价格昂贵。电堆中的核心材料（包括铂催化剂、电解质膜和双极板）都是较昂贵的材料。其中，氢燃料电池使用贵金属铂作为催化剂。再者，氢燃料电池中的电解质膜需具有很好的氧化和还原稳定性，价格也较昂贵。燃料电池中的双极板主要是石墨烯材料，其加工成本高。

### （三）储氢技术尚需攻关

目前，我国储氢技术还不够成熟，氢气储存的安全性、氢气浓度、成本等问题是影响氢燃料电池发展的核心。常用的储氢技术包括物理储氢、化学储氢、其他储氢等。传统的储氢方法有气态储氢和液态储氢。利用高压钢瓶（氢气瓶）来储存氢气的缺点是钢瓶储存氢气的容积小，而且有爆炸的危险。液态储氢的缺点是液体储存箱庞大，需极好的绝热装置来隔热。此外，还有新型的储氢方式——金属储氢，即利用储氢合金（金属氢化物）储存氢气。金属储氢的储氢能力很强，其单位体积储氢的密度，是相同温度、压力条件下气态氢的 1 000 倍。目前研发中的储氢合金主要有钛系储氢合金、锆系储氢合金、铁系储氢合金及稀土系储氢合金。

### （四）氢能基础设施建设缺乏

随着氢燃料电池汽车的发展，加氢站的建设是基础设施建设之一。目前建设一座加氢站的成本较高。近年来，随着国家政策的支持，我国加氢站的数量在不断增加，但从大范围来看，加氢站的数量依然较少。

## 第二节　燃料电池汽车的典型车型

## 一、国外燃料电池汽车

### （一）国外燃料电池汽车的发展状况

因为燃料电池汽车的低排放和高燃料利用率，对解决汽车环境污染和缓解能源短缺问题十分有效，所以在 20 世纪 90 年代，燃料电池汽车技术开始受到人们空前的关注。世界上主要汽车生产大国的政府和各大汽车制造商纷纷制定相关政策，投入大量的人力和物力研究和开发燃料电池汽车，并取得了一系列成果。

1994 年，德国戴姆勒奔驰公司制造了世界上第一台以固体高分子型燃料电池为动力的汽车。该车载货台面上装载了 800kg 的燃料电池和高压氢气钢瓶，与其说这是汽车，倒不如说是燃料电池搬运车，戴姆勒奔驰公司给该车起名为 NECAR1。该公司于 1996 年制造了 NECAR2。NECAR2 的氢气钢瓶设置在车顶上，以巴拉德公司（Ballard Power Systems）制造的小型固体高分子型燃料电池作为动力源，同时车内保证了 6 人的乘坐空间。NECAR2 是燃料电池汽车历史上实用车的先例。

与此同时，日本也在进行着燃料电池汽车的开发研究。1996 年，日本丰田汽车制造了将氢气燃料储存于储氢合金中的燃料电池汽车，配合同年召开的电动车国际会议，在大阪进行了燃料电池汽车大巡游。不仅是丰田公司，日产、马自达、大发等汽车制造商，紧接着都分别制造出了储氢合金燃料电池汽车和以氢气为燃料的甲醇改质型燃料电池汽车。

这些创造性事件使人们对燃料电池汽车的期待迅速高涨，世界各个发达工业国家也都加速进行燃料电池汽车的开发活动。2002年，本田和丰田制造的燃料电池汽车开始了租赁和发售，这一年，日本正式开始了国家燃料电池汽车运转验证项目。但直到2014年，日本丰田推出世界首款量产氢能源汽车Mirai，燃料电池汽车才开始真正迈出产业化的步伐。

目前，已投入市场量产的燃料电池汽车主要有丰田Mirai、本田FCX、现代NEXO、奔驰F-Cell等。此外，奥迪、宝马、通用等各大车企也正在加紧推进氢燃料电池汽车的投入与开发。

### （二）国外燃料电池汽车典型车型

#### 1. 丰田Mirai燃料电池汽车

丰田Mirai使用液态氢作为动力能源，液态氢被储存在位于车身后半部分的高压储氢罐中。两个高压储氢罐分别置于后轴的前后两端。相比于纯电动汽车，燃料电池汽车Mirai的最大优点在于，氢燃料添加的过程与传统加注汽油或者柴油相似，充满仅需3～5min。整车动力系统可提供113kW的最大功率及335N·m的峰值转矩，最高车速为200km/h，百公里加速约9s，续驶里程可达500km，足以满足人们日常使用。

（1）丰田Mirai燃料电池汽车的结构。

丰田Mirai主要由燃料电池堆、驱动电机、动力控制单元、辅助动力蓄电池、高压储氢罐、燃料电池升压变压器等组成，丰田Mirai燃料电池汽车结构透视图如图5-2-1所示。丰田Mirai的燃料电池由370个电芯组成，升压系统最终的最大输出电压可达650V，满足驱动电机的最大输出要求。其所有的动力数据均由控制单元计算后分配到各驱动车轮上。辅助动力蓄电池的作用则是将燃料电池输出剩余的电能和制动回收的电能储存起来，供急加速和车载用电器使用。丰田Mirai高压储氢罐内层采用高分子聚合材料，与氢气接触不发生反应；中间层是高压储氢罐最重要的一层，采用热塑性碳纤维增强塑料；外层则采用玻璃纤维增强聚合物材料。两个高压储氢罐的总容积达122.4L，储气压力可达70MPa。图5-2-2所示为丰田Mirai燃料电池汽车高压储氢罐。

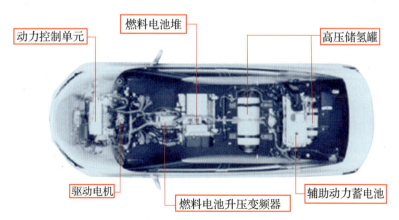

**图5-2-1　丰田Mirai燃料电池汽车结构透视图**

①—高分子聚合材料；②—热塑性碳纤维增强塑料；③—玻璃纤维增强聚合物材料

**图 5-2-2　丰田 Mirai 燃料电池汽车高压储氢罐**

（2）丰田 Mirai 燃料电池汽车的运行模式。

丰田 Mirai 燃料电池汽车的运行模式如图 5-2-3 所示。

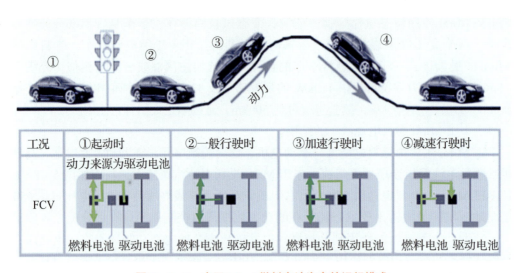

**图 5-2-3　丰田 Mirai 燃料电池汽车的运行模式**

①起动工况：车辆起动时，由车载蓄电池进行供电，此时来自蓄电池的电源直接提供给驱动电机，使驱动电机工作，驱动车轮转动，燃料电池不参与工作。

②一般行驶工况：一般行驶工况下，来自高压储存罐的氢气经高压管路提供给燃料电池，同时，来自空气压缩机的氧气也提供燃料给燃料电池，经质子交换膜内部产生化学反应，产生大约 300V 的电压，燃料经 DC/DC 转换器进行升压，转变为 650V 的直流电，经动力控制单元转换为交流电提供给驱动电机，驱动电机运转，带动车轮转动。

③加速行驶工况：加速时，车辆处于大负荷工况，此时除了燃料电池正常工作外，车载蓄电池也参与工作，以提供额外的电力供驱动电机使用。

④减速行驶工况：减速时，车辆在惯性作用下行驶，此时燃料电池不再工作，车辆减速所产生的惯性能量由驱动电机进行发电，经动力控制单元将其转换为直流电后，反馈回车载蓄电池进行电能的回收。

### 2. 本田 FCX 燃料电池汽车

本田 FCX 自 1999 年首次发布"FCX-V1"燃料电池试验车后，先后经过了"FCX-

V2""FCX-V3""FCX-V4""FCX"五代的开发历程。2002 年，"FCX"首次获得美国政府认定，同年 9 月首次获得美国环境保护厅（EPA）"零污染车辆"认定。2002 年 12 月，本田同时向日本政府和美国洛杉矶市政府交付了首批 FCX，成为世界上第一家实现商品化销售的燃料电池汽车生产厂家。图 5-2-4 所示为本田 FCX 燃料电池汽车结构透视图。

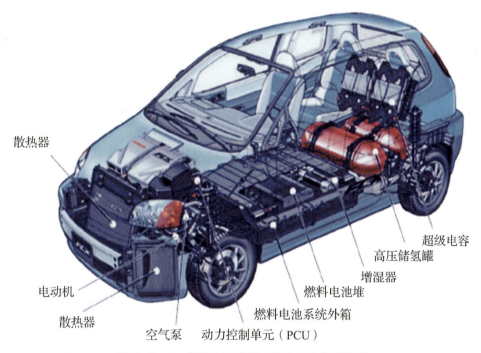

**图 5-2-4　本田 FCX 燃料电池汽车结构透视图**

（1）本田 FCX 燃料电池汽车的主要组成部件及位置。

①动力控制单元（PCU）。PCU 结构更加紧凑，置于电机之上，这样装置是为了在前部受到撞击时，可以保护一些高压部件。

②集成的电动机和变速器装配。紧凑的设计，让这套组合进入小型车内成为可能。

③超级电容。位置微斜置于后座位之后，确保足够的行李舱空间。

④后车架结构。双段式后车架，包含一个副车架，可以在撞击时有效地保护储氢罐。

⑤散热器。由于采用了紧凑的电动机和变速器，因此可以使用一个更大的燃料电池系统散热器，微斜置于车头的两侧还安装了稍小的散热器，供驱动系统散热。

⑥燃料电池系统外箱。外箱包括燃料电池堆及其他动力生成部件，位于地板之下，以保证足够的车舱空间。

⑦高压储氢罐。位于后座之下，以确保足够大的行李舱空间。

⑧悬架。悬架的安装与高压储氢罐和副车架保持一致，易于安装。

⑨组合仪表。本田 FCX 燃料电池汽车的仪表与传统内燃机汽车相比，主要增加了超级电容容量显示和超级电容充电显示，并同时显示出动力输出。

（2）本田 FCX 燃料电池汽车的运行模式。

①起步和加速时。输出由燃料电池堆和超级电容提供，超级电容在极短的时间内辅助

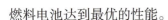 

燃料电池达到最优的性能。

②轻微加速和巡航时。输出只由燃料电池提供，燃料电池负责给电机提供必需的动力，电容不用辅助。

③减速时。能量被回收储存在超级电容里，超级电容能回收在制动时产生的能量，有效地提高能源效率。

④停车时。怠速停车时，自动怠速停车系统将切断从燃料电池输送过来的输出，以节省燃料消耗。系统在感应到驾驶人操纵的起步信号后，可迅速由燃料电池和超级电容协同提供所需的动力。

### 3. 奔驰 B 级 F-Cell 燃料电池汽车

奔驰 B 级 F-Cell 燃料电池汽车将燃料电池汽车家族的车型范围拓展到运动旅行车。作为一款适合旅行和休闲的 B 级车，该车型采用了奔驰创新的夹层式车身结构。这种独特的设计，非常便于应用燃料电池动力系统。奔驰 B 级 F-Cell 燃料电池汽车的技术参数见表 5-2-1，结构透视图如图 5-2-5 所示。

表 5-2-1　奔驰 B 级 F-Cell 燃料电池汽车的技术参数

| 电机 | 最大功率：100kW；最大转矩：290N·m | 性能 | 0 至 100km/h 加速时间为 4.8s；最高时速为 170km/h |
|---|---|---|---|
| 蓄电池 | 锂电池；最大容量：1.4kW·h；最大输出：35kW | 燃油消耗 | 等同于柴油 3L/100km |
| 续驶里程 | 纯电动模式最大 385km | 低温起动 | −25℃以下 |

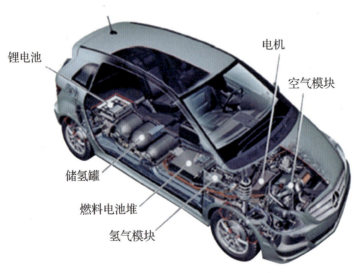

图 5-2-5　奔驰 B 级 F-Cell 燃料电池汽车的结构透视图

奔驰 B 级 F-Cell 燃料电池汽车是典型的、采用 FC+B 动力系统结构的车型，可乘坐 4 人，最高车速为 170km/h，纯电动模式最大续驶里程达 385km，采用 700bar 高压氢气为燃料，装置 100kW 的高效率和高性能的质子交换膜燃料电池，采用 1.4kW·h 容量的锂电池组作为辅助电源，B 级燃料电池汽车的高转矩电机，能输出超过 100kW 的功率，比前一代 A 级 F-Cell 的功率高出 35kW，其性能可以与 2.0L 汽油发动机的动力相媲美。在减少了燃料消耗并进一步提高了存储容量之后，B 级燃料电池汽车的续驶里程已达到约 400km。

| 创新强国 |

我国自主研制，全球首辆氢能源智轨电车"出海"

## 二、国内燃料电池汽车

### （一）国内燃料电池汽车的发展状况

从 20 世纪 50 年代开始，我国一直进行燃料电池相关技术的研究，但直到 20 世纪 90 年代，全球环境署支持在中国进行燃料电池公共汽车示范，从那时起，我国加大了在燃料电池汽车研究方面的投资。2002 年，中国科学院宣布大约用 3 年的时间，投资 1 200 万美元进行氢技术研究，其中包括质子交换膜燃料电池技术。

2008 年，由上汽、同济大学等投资组建的上海燃料电池动力系统公司开发了三代"超越"系列燃料电池轿车动力系统平台和示范车。北京清能华通科技发展有限公司（亿华通公司前身）与清华大学等共同研发出了"清能 1 号"燃料电池城市客车。经过多年的创新发展，亿华通已成为燃料电池汽车行业的代表企业，目前已形成系列燃料电池发动机系统关键共性技术，产品性能接近国际领先水平。

2018 年 10 月，一汽首台红旗自主燃料电池发动机成功点火。该款发动机采用金属双极板单堆，系统功率可达 50kW，并在此基础上开发 100kW 功率燃料电池发动机，搭载在红旗等多款轿车上。

2022 年 7 月，长安深蓝发布国内首款量产的氢燃料电池轿车——SL03 氢电版，该车型实现整车核心部件 100% 国产化，最大续驶里程达 730km。除长安深蓝 SL03 氢电版上市外，上汽大通 MAXUS EUNIQ 7 氢燃料电池 MPV 也实现量产。长城汽车、吉利汽车、广汽和奇瑞汽车等都进行了燃料电池乘用车的研发并陆续推出相应产品。

《新能源汽车产业发展规划（2021—2035 年)》明确指出要有序推进氢燃料电池汽车供给体系建设，包括提高氢燃料制储运经济性和推进加氢基础设施建设。此外，国内主流车企对燃料电池商用汽车的布局进程逐步加快，宇通客车、一汽解放、东风商用车、中国重汽、陕汽重卡、福田汽车、上汽红岩等企业加快投入，瞄准细分市场和具体场景，积极开展产品开发和产品商业化。当下，燃料电池堆中的核心零部件已逐步实现国产替代，伴随着国内企业技术突破及产品体量逐渐规模化带来的降本效果，未来燃料电池汽车的成本有望逐步下降，这将进一步推动燃料电池汽车市场化应用。

### （二）国内燃料电池汽车典型车型

#### 1. 超越号燃料电池汽车

电动汽车是国家科技部"十五"期间 12 个重大科技专项之一，而在整个电动汽车专项中，燃料电池汽车项目意义最为重大，被世界公认为是汽车的一次全新革命。燃料电池汽车的开发，对利用清洁能源、改善城市环境、促进汽车产业升级都具有十分重要的意义。

2001年底，国家重大燃料电池轿车项目落户上海，由上汽、同济大学等10多家企业、高校、科研机构联合组成项目组，并成立燃料电池动力系统公司，进行项目攻关。

2003年1月，国内首台燃料电池汽车"超越一号"在同济大学的校园中平稳行驶，它装着"绿色心脏"，以氢为燃料，排出洁净水，不会产生任何污染环境的废气。与"超越一号"燃料电池汽车不同的是，"超越二号"燃料电池汽车所有关键零部件都由我国自主开发。"超越二号"燃料电池汽车采用桑塔纳3000为原型车装配而成，每100km氢消耗量从"超越一号"的139kg下降到1.03kg。与"超越一号"相比，"超越二号"起步"爆发力"大有提高，从起步加速到100km/h只需26.7s，比"超越一号"整整缩短了约20s，最高时速为118km，续驶里程达到197km。"超越二号"采用了完全由我国自主开发的电动机来替代"超越一号"的进口电动机，整车质量减轻了150kg，燃料电池发动机功率提高了6kW，可靠性和稳定性都超过了进口发动机。

2006年12月，由同济大学新能源汽车工程中心与上海燃料电池汽车动力系统有限公司等企业共同研发的第三代燃料电池汽车"超越三号"（见图5-2-6）可靠性通过专家组验收。

"超越三号"CEV轿车采用高压储气罐，储存35MPa的高压氢气，装配神力公司的50kW质子交换膜燃料电池，电压为310～480V、电流为0～200A，能量转化效率高于50%。燃料电池的操作环境为：工作压力为常压，工作温度为68℃～80℃，相对湿度为0～95%，噪声

图5-2-6 "超越三号"燃料电池汽车

为76dB，燃料电池发动机的外形尺寸为810mm×420mm×250mm，质量小于300kg。辅助蓄电池为锂电池，其容量为15A·h，在车辆制动和下坡时，回收反馈的能量。驱动电机为永磁同步电机，功率为65kW。

### 2. 上汽大通MAXUS EUNIQ 7

上汽大通MAXUS EUNIQ 7燃料电池汽车（见图5-2-7）是上汽首款搭载了第三代系统的氢燃料电池MPV。

图5-2-7 上汽大通MAXUS EUNIQ 7燃料电池汽车

上汽大通 MAXUS EUNIQ 7 燃料电池汽车的主要构造包括氢燃料电池系统、高压储氢罐、驱动电机、动力蓄电池等部分，如图 5-2-8 所示。上汽大通 MAXUS EUNIQ 7 采用前置氢燃料电池系统＋中置高压储氢罐＋后置驱动电机和动力蓄电池的形式，将高压储氢罐中置的优势在于减少碰撞时发生损坏破裂的危险。

图 5-2-8　上汽大通 MAXUS EUNIQ 7 燃料电池汽车的主要构造

上汽大通 MAXUS EUNIQ 7 燃料电池汽车前仓放置的是"发电装置"，也就是氢燃料电池系统（见图 5-2-9）。燃料电池系统由燃料电池堆、直流变换器、空压机、氢气循环泵等部件构成。其中，燃料电池堆的功率约为 130kW，整套系统最终输出的最大功率和额定功率分别为 92kW、83.5kW。直流变换器的作用是控制燃料电池堆的输出功率，燃料电池堆辅助起动。空压机负责向燃料电池堆输送高压空气（原理类似于传统内燃机汽车的涡轮增压器）。氢气循环泵将未反应氢气送回燃料电池入口，同时代替增湿器优化电堆内部湿度。

①—燃料电池堆；②—直流变换器；③—空压机；④—氢气循环泵

图 5-2-9　上汽大通 MAXUS EUNIQ 7 燃料电池汽车的氢燃料电池系统

上汽大通 MAXUS EUNIQ 7 有三个高压储氢罐（见图 5-2-10），可承受的最大压力为 70MPa，与丰田 Mirai 的气罐压力相近。三个高压储氢罐总共可装载 6.4kg 的氢气。罐体由三层材料构成，抗压抗穿刺能力很强，中置布局也尽可能避免了高压储氢罐在事故中遭受挤压。

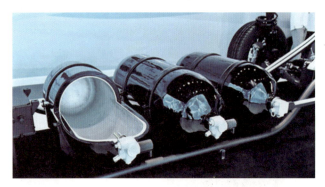

图 5-2-10　上汽大通 MAXUS EUNIQ 7 燃料电池汽车的高压储氢罐

### 3. 长安深蓝 SL03

长安深蓝品牌旗下首款车型 SL03（见图 5-2-11）于 2022 年 6 月正式上市。该车基于长安全新 EPA1 纯电平台打造，提供纯电、增程版和氢电版三种动力模式，这也使其成为中国首款量产氢燃料电池轿车。

图 5-2-11　长安深蓝 SL03

长安深蓝 SL03 氢电版具有 62% 的氢电转化率，0.65kg/100km 的馈电氢耗，在运行 10 000h 下的性能衰减小于 10%，730km 的综合续航能力，160kW 的最大功率等亮点。对比目前主流的氢燃料电池汽车，长安深蓝 SL03 的氢电转化效率和馈电氢耗表现均相对优秀，其馈电氢耗比丰田 Mirai 官方公布的 0.79kg/100km 更低；其 730km 的综合续航能力优于现代 NEXO 中国版车型的 561km、本田 Clarity FCV 的 589km。

长安深蓝 SL03 氢电版与纯电动版在外观设计上大致相同，但为表示氢动力系统的特殊性在其前包围两侧的格栅上增加了蓝色的点缀。其车尾采用了辨识度极高的贯穿式尾灯组，如图 5-2-12 所示。后包围的扩散器样式设计也

图 5-2-12　长安深蓝 SL03 氢电版贯穿式尾灯组

极具时尚动感。

##  本章小结

　　燃料电池汽车是指动力系统主要由燃料发动机、燃料箱（氢瓶）、电机和动力蓄电池等组成，采用燃料电池发电作为主要能量源，通过电机驱动的汽车。

　　燃料电池汽车按照不同的分类方法可以分为不同的类型。

　　燃料电池汽车主要由燃料电池、高压储气罐、燃料电池升压器、驱动电机、动力控制装置（包括 DC/DC 转换器等）、辅助动力源等组成。

　　燃料电池汽车的工作原理是，作为燃料的氢在汽车搭载的燃料电池中，与大气中的氧气发生氧化还原化学反应，产生出电能来带动电机工作，由电机带动汽车中的机械传动结构，进而带动汽车的前桥（或后桥）等传动机械结构工作，从而驱动汽车行驶。

　　我国燃料电池汽车发展中存在的主要问题有产业链不完善、电池生产成本高、氢能基础设施落后等。

　　燃料电池汽车典型车型主要有丰田 Mirai 燃料电池汽车、本田 FCX 燃料电池汽车及超越号燃料电池汽车、上汽大通 MAXUS EUNIQ 7 等。

# 第六章

# 其他新能源汽车

## 学习目标

知识目标：1. 了解其他新能源汽车的发展。

2. 了解其他新能源汽车的特点。

3. 掌握其他新能源汽车的工作原理，并了解相应典型车型。

4. 掌握太阳能汽车的组成。

能力目标：1. 具有区分各种新能源汽车的能力。

2. 具有查找资料、文献等获取信息的能力。

素养目标：1. 培养良好的分析问题和解决问题的能力。

2. 培养沟通能力及团队协作精神。

3. 培养 6S 管理执行力。

## 建议学时

6 个学时。

## 课程导入

随着汽车工业的发展，全世界汽车保有量迅速增加。汽车数量的激增，在促进经济和社会发展的同时，也加剧了石油资源短缺、生态环境日益恶化等社会问题，尤其是汽车的有害排放物对人类及其生存环境所造成的危害日益严重。合理利用资源及保护生态环境是当今社会对汽车产品及其设计和制造者们提出的基本要求。各类新能源汽车已经成为汽车工业发展的主要方向。

## 知识储备

## 第一节　燃气汽车

早在第一次世界大战期间天然气就开始用在汽车上，后来主要由于其储存、携带极不方便才让位于液体燃料中的汽油和柴油。随着世界经济的迅速发展，石油资源日益枯竭，而气体燃料随着开采量的加大，远距离输送、净化脱水及储运技术的提高，气体燃料液化技术和气体燃料电子控制喷射技术的发展，气体燃料在内燃机上的应用又进入了一个新的发展时期。

燃气汽车

目前，在车用内燃机上使用的气体燃料有天然气、液化石油气、沼气、焦炉煤气、高炉煤气、氢气等，其中以压缩天然气（Compressed Natural Gas，CNG）和液化石油气（Liquefied Petroleum Gas，LPG）为主。天然气在资源、经济性、排放、安全性等诸多方面具有极大优势，因此目前是车用内燃机首选的代用燃料；液化石油气尽管在资源上不如天然气丰富，但由于它易于携带，因而也获得了较快发展。氢被认为是最洁净的内燃机燃料之一，但由于氢在制取、运输、储存等方面存在很多困难，目前未得到推广应用。

目前常用的燃气汽车有压缩天然气汽车（CNGV）、液化天然气汽车（LNGV）、液化石油气汽车（LPGV）。它们分别以压缩天然气、液化天然气和液化石油气为燃料。

## 一、压缩天然气汽车（CNGV）

压缩天然气汽车（Compressed Natural Gas Vehicle，CNGV）（见图 6-1-1）使用的燃料是压缩的天然气（天然气压缩到 20MPa，并以气态储存在容器中）。在保留原车供油系统的情况下，增加一套专用压缩天然气装置，形成压缩天然气汽车，燃料的转换仅需拨动开关。加充一次天然气可行驶 200km 左右，特别适合公共汽车、市内出租车、往返里程不超过 200km 的中巴车、面包车及单位其他车辆。

图 6-1-1　压缩天然气汽车

压缩天然气的主要成分是甲烷（$CH_4$），无色、无味、无毒、无腐蚀性、易燃易爆、燃烧充分、不留炭黑和杂质，被誉为"绿色燃料"。

|中国力量|

全球首款吉利
甲醇混合动力
轿车上市

### （一）特点

天然气（Nature Gas，NG）是由多种烃类物质和少量其他成分组成的混合气体，广泛存在于世界各地，是世界上储量最丰富的能源之一。由于甲烷在所有的碳氢化合物中具有最大的氢碳比（其碳氢质量分数分别为 75% 碳和 25% 氢，而汽油中的相应值为 86% 碳和 14% 氢），因此甲烷燃烧后产生的二氧化碳量要低于使用汽油或甲醇的发动机所产生的二氧化碳量。甲烷的分子结构极其稳定，能有效地防止发生爆燃现象，这就使得天然气成为一种非常理想的汽车燃料，它可以产生比传统汽油发动机更高的热效率（发动机曲轴输出的有用功和所用燃料燃烧所产生的热量之比）。这两个因素（即氢碳比和热效率）综合起来就可以使采用天然气作为燃料的发动机所产生的二氧化碳量比汽油发动机少 25%；甲烷分子结构极其稳定，这意味着具有很高的抗氧化稳定性，从而可以有效地阻止烷基的裂解及由此带来的后果。

燃用天然气的单燃料发动机可采用较高的压缩比，从而可以改进和提高燃气汽车的动力性和经济性。

### (二)工作原理与典型车型

天然气汽车虽在结构上有独特之处，但仍属于活塞式内燃机汽车的一种。因此，天然气汽车与汽油机汽车、柴油机汽车、液化石油气汽车、氢气汽车、醇类燃料汽车一样，在发动机基本结构、动力传动系统基本组成及工作特性等方面具有一定的共性。

在压缩天然气发动机中，先将天然气通过减压调节器减压，再通过混合器将低压天然气和空气混合形成混合气，然后将混合气吸入气缸，在压缩过程快结束时用电火花将混合气点燃。

压缩天然气汽车的典型车型有途安 TSI EcoFuel（见图 6－1－2）和奔驰 E200 NGT（见图 6－1－3）。大众途安 TSI EcoFuel 以天然气作为主要燃料，在进气歧管内装备了天然气喷射装置，并由一根共同的高压轨道提供燃料，动力系统主要为天然气模式设计。途安 TSI EcoFurl 发动机排量为 1.4L，最大功率为 110kW，最大转矩为 220N·m，最高时速为 205km/h，0 至 100km/h 加速时间为 10.1s。途安 EcoFurl 的四个天然气罐都安装于车底（质量共 18kg），这样节省了空间，所以并没有对车内空间产生影响，在装备方面也没有任何限制。

发动机

11L油箱

天然气罐

**图 6－1－2　途安 TSI EcoFuel**

NGT 是 Natural Gas Technology 的英文缩写，是奔驰运用的压缩天然气技术的简称。E200 NGT 是奔驰以 E 级车为基础开发的以压缩天然气和汽油为燃料的双燃料汽车。

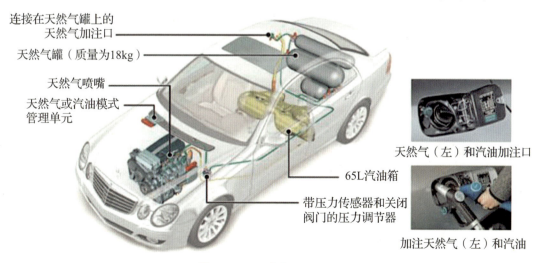

连接在天然气罐上的天然气加注口

天然气罐（质量为18kg）

天然气喷嘴

天然气或汽油模式管理单元

天然气（左）和汽油加注口

65L汽油箱

带压力传感器和关闭阀门的压力调节器

加注天然气（左）和汽油

**图 6－1－3　奔驰 E200 NGT**

## 二、液化天然气汽车（LNGV）

液化天然气（LNG）是天然气的一种特殊存在状态，是将天然气净化后通过冷却形成的低温液体，主要成分为甲烷。在大气压力下，LNG 的沸腾温度约为 162℃。较低的沸腾温度要求液化天然气在生产过程中要进行脱水、脱烃、脱硫、脱二氧化碳等净化处理。因此，与压缩天然气相比，液化天然气用作汽车燃料时更洁净、更环保。

### （一）特点

液化天然气作为车用燃料，具有环保、能量密度大、充装速度快及安全的特点。

由于液化天然气（LNG）具有良好的储运特性，作为汽车燃料越来越受到重视，并与 LPG、CNG 气体燃料一起被认为是气体燃料发动机汽车的主导燃料。

液化天然气由含 90% 以上甲烷（$CH_4$）的天然气气体通过"三脱"净化处理（脱水、脱烃、脱酸），实施液化处理而成，其主要成分为液体甲烷。在液化处理过程中，主要采用的工艺是利用膨胀制冷工艺，使天然气气体中的甲烷成分在 -162℃下液化分离，形成液化天然气的主导成分。液化后的体积是气态体积的 1/625。

液化天然气（LNG）的分子量和氢碳比均与压缩天然气（CNG）基本相同，只是 LNG 通过深冷前的预处理，几乎除尽了天然气中的全部杂质；而后的深冷液化处理通常又可分离出不同液化点的重烃类成分和其他气体成分。因此，LNG 实际上是纯度较高和获得良好净化的液体甲烷。尽管天然气液化工艺比较复杂，但它良好的储运特性和使用性能，使其在天然气工业中占有重要地位。与汽油相比，它具有辛烷值高、抗爆性好、燃烧完全、降低运输成本等优点；与压缩天然气（CNG）相比，它还具有储存效率高、加一次气行驶路程远、车装气瓶压力小、重量轻等优点。

### （二）工作原理

液化天然气发动机与压缩天然气发动机的工作情况基本相同，区别主要在于燃料储存的状态及储存容器不同，液化天然气在低压低温绝热状态下储存。另外，液化天然气蒸发变成气体时，吸收的热量较多，应采用可靠的蒸发汽化系统。液化天然气发动机的燃料供给系统包括液化天然气气瓶、阀门组件、调节器、管汇、压力泄放装置、蒸发器及电子控制系统等。

液化天然气（LNG）是天然气在 -162℃低温下液化，体积减小后储存于有绝热夹层的 1.6MPa 压力气瓶中，使用时以蒸发器蒸发汽化后与空气混合进入燃烧室中。

液化天然气汽车（LNGV）供气系统的布置如图 6-1-4 所示。

为了防止 LNG 的过早汽化，要求气瓶具有绝热性能，瓶内设有绝缘材料制成的夹层，绝缘材料要求具有低的导热系数与密度，夹层的厚度为 100～200mm，气瓶的内层是由不锈钢制成的液体容器，夹层的外层由普通钢板焊接成型。气瓶的夹层也可以做成 60mm 的真空空隙气层，作为绝缘层使用。液化天然气储存在气瓶的下部，约占有效容器的 90%，气瓶的上部约有 10% 的储气容积。发动机运行时瓶内的天然气液态与气态两种状态并存，当瓶内工作气压大于 0.2MPa 时，从瓶内流出的是上部的气态天然气；当工作压力小于 0.2MPa 时，则由瓶的下部流出液态的天然气。从瓶内流出的天然气都处于 -125℃以下，要经过气体加热器，从冷却系统的鼓风流中获得热量而汽化。

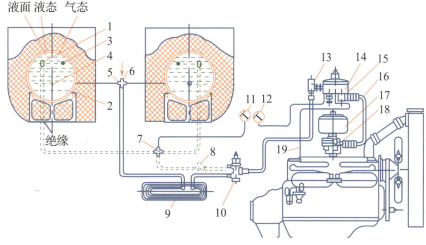

液面 液态 气态

1—蒸气输出阀的接头；2—瓶内容器；3—最大充液量液面指示器的接管；4—充、输阀的接管；
5—十字接头；6—充灌阀的紧帽；7—十字接头；8—气体加热器；9—蒸发器；10—自动转换阀；
11—气瓶压力表；12—减压器的压力表；13—滤清器；14—两级减压器；15—减压器上的省油器；
16—低压管路；17—空气滤清器；18—混合器；19—通进气管的接管

**图 6-1-4 液化天然气汽车（LNGV）供气系统的布置**

流出的液态天然气则经过蒸发器由冷却水或废气中获得热量促使其蒸发。两者经自动转换阀控制操纵后，流入滤清器及两级减压器，减压后的液化天然气通过低压管路送入混合器，与空气混合后供发动机使用。

蒸发器是液化天然气发动机燃料供给系统的关键部件之一。多数蒸发器的加热介质采用冷却系统的冷却液，有的汽化器与排气管连接在一起，利用发动机的排气来加热液化天然气，使其迅速汽化。

## 三、液化石油气汽车（LPGV）

液化石油气汽车（LPGV）是以液化石油气（LPG）为燃料的汽车，如图 6-1-5 所示。液化石油气是由含 3 个或 4 个碳原子的烃类 [ 如丙烷（$C_3H_8$）、丙烯（$C_3H_6$）、丁烷（$C_4H_{10}$）、丁烯（$C_4H_8$）] 为主的混合物，分为油气田和炼油厂液化石油气。炼油厂液化石油气由于含有大量的烯烃，不能直接作为汽车燃料。油气田液化石油气主要由丙烷、丁烷组成，可直接作为汽车燃料。

### （一）特点

与液化天然气（LNG）和压缩天然气（CNG）一样，液化石油气（LPG）作为气体燃料均被列为清洁燃料，特别是作为汽车发动机的燃料一直被推荐使用，减少城市污染，有利于环境保护。

**图 6-1-5 液化石油气汽车**

### （二）工作原理与典型车型

当汽油/LPG 转换开关置于 LPG 位置时，LPG 电磁阀开启，LPG 从气瓶流入蒸发调压器，并在其中蒸发减压，然后进入混合器，在混合器中与空气混合后进入发动机气缸。ECU 根据氧传感器和发动机转速传感器的信号，通过改变通向真空电磁阀的脉冲信号占空比来调节蒸发调压器膜片室的压力，以控制蒸发调压器的输出压力和供气量，从而实现供气量的闭环控制，如图 6-1-6 所示。

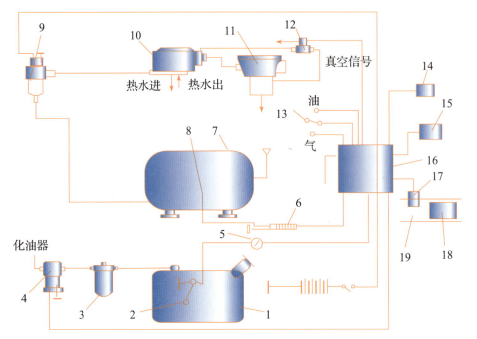

1—汽油箱；2—油位传感器；3—汽油滤清器；4—电动汽油泵；5—汽油表；
6—辅助液面显示器；7—气瓶；8—集成阀；9—LPG 电磁阀；10—蒸发调压器；11—混合器；
12—真空电磁阀；13—汽油/LPG 转换开关；14—节气门位置传感器；15—发动机转速传感器；
16—电子控制单元（ECU）；17—氧传感器；18—三元催化转换器；19—发动机排气管

**图 6-1-6　液化石油气汽车的工作原理**

充装液化石油气的充装口设在气瓶上方，充液时气瓶不能充满，当充装到气瓶容积的 80% 时，限量充装阀自动关闭充装口。限量充装阀、手动截止阀、液位计、安全阀及出液限流阀等附件全部集成在一个集成阀中。出液口设在气瓶的下方，气瓶内液面上方是 LPG 蒸气，借助饱和蒸气压将液化石油气从出液口压出。不从气瓶上方直接输出 LPG 蒸气原因有二：一是因为 LPG 蒸发需要吸收大量的热，如果从气瓶上方直接输出 LPG 蒸气，则即使在夏天通过气瓶由大气传来的热量也不足以使 LPG 大量蒸发；如果气瓶外壁结冰，则传热更差，将导致气瓶内蒸气压力低到不能维持供给的程度。二是 LPG 是由物化特性不同的多种成分构成的混合物，各成分的蒸发速度不同，先后蒸发出来的气体各有不同的化学当量比。因此，从气瓶上方直接输出 LPG 蒸气就意味着在同一混合器的调整下，相同工况的空燃比不断在变化，这将使发动机不能稳定工作。

液化石油气汽车的典型车型有 Polo BiFuel 双燃料汽车、福特 Falcon，如图 6-1-7
所示。

（a）Polo BiFuel 双燃料汽车　　　　　　　（b）福特公司 Falcon

**图 6-1-7　液化石油气汽车的典型车型**

## 第二节　醇类燃料汽车

### 一、甲醇、乙醇汽车

在第二次世界大战中，由于燃料短缺，醇类燃料发动机曾被使用过，但战后渐趋淡
化。1973 年，西方国家发生石油危机，于是醇类燃料又受到各国重视。从此至今，车
用醇类燃料发动机的开发技术已趋于成熟。以奥托循环方式工作的乙醇发动机及与汽油
混合燃烧的醇类燃料发动机已在一些发达国家成功应用多年。以狄塞尔循环方式工作
的纯醇类燃料发动机也已处于实车运行试验阶段。近些年来的研究表明，在内燃机中
使用醇类燃料不仅可以获得良好的动力性和经济性，而且还可以使发动机有害物的排
放得到改善，该类发动机的排气中不存在碳烟粒子，且 NO 的排放量也比常规发动机低
很多。因此，醇类发动机实际上已经作为一种洁净的发动机受到人们的普遍关注。尤
其是甲醇，因为它比乙醇和混合醇在制备和长期供应方面更具有优越性，更具有推广
意义。

醇类燃料是液体燃料，可以沿用传统的石油燃料的运输、储存系统，相关的基础设施
建设投入少，因而是一种很有发展前途的代用燃料。

#### （一）特点

醇类燃料主要是指甲醇和乙醇。由于醇分子的结构中含有一定的氧，因此它的热值比
汽油低；醇类的化学当量比所需的空气比汽油燃烧所需的空气少得多；由于醇类的汽化潜
热高，因此它汽化时所需的热能也比汽油多。醇类的饱和蒸气压力比汽油低。较低的蒸气
压力和蒸发过程中较高的汽化潜热使这种燃料蒸发更困难，因而对混合气形成系统提出了

更高的要求。醇类的高辛烷值允许内燃机有高的压缩比，因而对火花点火式醇类内燃机的燃烧过程特别有利。另外，醇类燃料具有较宽的着火界限，燃烧传播速度快，在稀混合气中仍能保持较高的火焰传播速度，快速燃烧使定容燃烧部分增加，这也有利于热效率的提高，而且循环的压力波动也比汽油机小。

### （二）工作原理与典型车型

甲醇发动机的工作原理：（1）甲醇发动机有曲轴、连杆、活塞、基本的发动机配件；（2）甲醇发动机是一种二冲程发动机，工作时，可燃混合气通过进气管进入气缸，活塞下降时，压缩气缸内的混合气，使它经过转气道和转气口进入气缸上部，当活塞再次上升时，混合气在气缸上部受到强烈的压缩，温度升高，着火燃烧；（3）高温高压的气体猛烈膨胀，推动活塞做功，将热能转换为机械能，燃烧后的废气在排气口打开时即被排出；（4）与此同时，新鲜的混合气又进入气缸，进行第二次的压缩和燃烧，再次重复上述过程。发动机连续运转后，可通过调节压缩比和油量来获得不同的功率和转速。

甲醇汽车的典型车型有福特 F-250 Super Chief 概念车，如图 6－2－1 所示。

**图 6－2－1　福特 F-250 Super Chief 概念车**

## 二、生物柴油汽车

生物柴油是指以油料作物、野生油料植物和微藻等水生植物油脂及动物油脂、餐饮垃圾油等为原料油，通过酯交换工艺制成的可替代石化柴油的可再生柴油燃料。麻风树作为我国西南亚热带植物，是重要的生物柴油提取原料。根据不同的生产方法，1t 麻风树果仁最多可以制造出超过 300L 生物柴油。

与石化柴油相比，生物柴油具有下述无法比拟的性能：

（1）优良的环保特性。生物柴油中含有 11% 的含氧量，燃烧更充分；硫含量低，使得二氧化硫和硫化物的排放低，可减少约 30%（有催化剂时为 70%）；生物柴油中不含会对环境造成污染的芳香族烷烃，因而废气对人体的损害低于柴油。检测表明，与普通柴油相比，使用生物柴油可降低 90% 的空气毒性，降低 94% 的患癌率；由于生物柴油含氧量高，燃烧时排烟少，一氧化碳的排放与柴油相比减少约 10%（有催化剂时为 95%）；生物柴油的生物降解性高。

（2）较好的发动机起动性能。

（3）较好的润滑性能。这使喷油泵、发动机缸体和连杆的磨损率低，使用寿命长。

（4）较好的安全性能。由于闪点高，生物柴油不属于危险品。

（5）良好的燃料性能。辛烷值高，使其燃烧性好于柴油，燃烧残留物呈微酸性，使催化剂和发动机机油的使用寿命延长。

（6）可再生性能。作为可再生能源，与石油储量不同，其通过农业和生物科学家的努力，可供应量不会枯竭。

（7）无须改动柴油机，可直接添加使用，同时无须另添设加油设备、储存设备及对人员进行特殊技术训练。

（8）生物柴油以一定比例与石化柴油调和使用，可以降低油耗、提高动力性，并降低尾气污染。

| 创新强国 |

高新技术助力
我国新能源
汽车海外一路
高歌

（9）生物柴油完全可以自主生产，减少了对进口石油的依赖。

（10）生物柴油工业的发展可以增强我国经济，尤其是农业经济。

生物柴油的优良性能使得采用生物柴油的发动机废气排放指标满足严格的欧洲Ⅲ号排放标准，而且由于生物柴油燃烧时排放的二氧化碳远低于该植物生长过程中所吸收的二氧化碳，从而改善由于二氧化碳的排放而导致的全球变暖问题。因而生物柴油是一种真正的绿色柴油。

## 第三节　太阳能汽车

太阳能汽车是利用太阳能电池将太阳能转换为电能，并利用该电能作为能源驱动行驶的汽车，它是电动汽车的一种。与传统内燃机汽车不同，太阳能汽车真正实现 100% 的零排放，能源取之不尽。近年来，美国已研制成光电转换率达 35% 的高性能太阳能电池。澳大利亚用激光技术制成太阳能电池，其光电转换率达 24.2%，而且成本与柴油发电相当。这些都为光电池在汽车上的应用开辟了广阔的前景。

1978 年，世界上第一辆太阳能汽车在英国研制成功，时速达到 13km。

1982 年，墨西哥研制出三轮太阳能汽车，速度达到每小时 40km，因为该汽车每天所获得的电能只能行驶 40min，所以它还不能跑远路。

1984 年 9 月，我国首次研制的"太阳号"太阳能汽车试验成功。该车车顶上安装了由 2 808 块单晶硅片组成的硅板，装有三个车轮。太阳能汽车如图 6 - 3 - 1 所示。

太阳号

追日号

中山大学太阳能汽车

图 6-3-1　太阳能汽车

　　1999 年 5 月，巴西圣保罗大学的科研人员设计出一款新型太阳能汽车，其最高车速超过 100km/h。

　　2022 年 6 月，我国第一辆纯太阳能汽车"天津号"首次公开亮相，如图 6-3-2 所示。该车是一款完全依靠纯太阳能驱动，不使用任何化石燃料和外部电源，真正实现零排放，引领前沿技术的智能网联汽车。

图 6-3-2　"天津号"纯太阳能汽车

## 一、太阳能汽车的组成

### （一）太阳能电池组

　　太阳能电池组将太阳能转化为电能，是太阳能汽车的核心，由一定数量的电池单体串联或并联组成电池方阵；太阳能电池单体由半导体材料制成，当太阳光照射在该半导体材料上时，半导体的电子－空穴对被激发，形成"势垒"，也就是 P-N 结。车用太阳能电池将很多太阳能电池排列组合成太阳能电池板，以产生所需要的大电流和高电压，如图6-3-3所示。这些电池板通常安装在车顶或车身上，以获取尽可能多的太阳能。

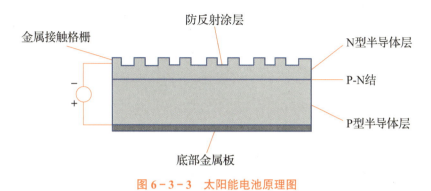

图 6-3-3 太阳能电池原理图

### （二）向日自动跟踪器

向日自动跟踪器的作用就是保持太阳能电池板正对着太阳，最大限度地提高太阳能电池板接收太阳辐射能的能力。

### （三）驱动系统

太阳能汽车的驱动系统通常由驱动电机和变速器组成。驱动电机将电能转换为机械能，驱动汽车行驶。变速器用于调整驱动电机的转速和扭矩，以适应不同的行驶条件和速度要求。太阳能汽车采用的驱动电机主要有交流异步电机、永磁同步电机、直流电机等，其驱动系统与纯电动汽车基本相同。

### （四）控制系统

控制系统主要对太阳能电池组进行管理和对驱动电机进行控制，其作用与纯电动汽车控制系统相同。

控制系统是太阳能汽车的"心脏"，用于监测和控制太阳能汽车的各个部分，包括驱动电机、太阳能电池组和其他辅助系统。它可以控制驱动系统的输出，调整太阳能电池组的充电和放电程度，并提供车辆性能和安全的控制。

### （五）机械系统

机械系统包括车轮、悬挂系统、转向系统和制动系统等。它们用于支持和控制太阳能汽车的行驶和操控，保证车辆的稳定性和安全性。

## 二、太阳能汽车的工作原理和典型车型

太阳能汽车由太阳能电池板在向日自动跟踪器的控制下始终正对太阳，接收太阳光，并转换成电能，向电机供电，再由电机驱动汽车行驶，如图6-3-4所示。太阳能汽车实际上是一种电动汽车，其工作原理与串联式混合动力汽车基本相同。

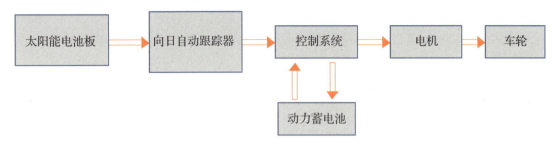

图 6-3-4　太阳能汽车能量流动路径

　　由于太阳能电池的能量较小，而且受天气的影响，在阴雨天时，太阳能电池的转换效率大幅降低，因此太阳能汽车往往与动力蓄电池组共同组成太阳能混合动力汽车。当太阳强烈时，由太阳能电池板将太阳能转换为电能后，通过充电器向动力蓄电池组充电，也可以由太阳能电池板直接提供电能，通过电流变换器将电流输送到驱动电机，驱动汽车行驶，一般采用智能控制系统来控制其运行。当太阳较弱或阴天时，则靠动力蓄电池组对外供电。

　　汉能 Solar 系列全太阳能动力汽车，薄膜电池像纸一样轻薄、柔软，可集成在汽车、无人机、手机、背包、服装等载体上。汉能 Solar 系列全太阳能动力汽车，是汉能移动能源战略的最新成果，如图 6-3-5 所示。

　　全太阳能动力汽车是以柔性高效的薄膜太阳能电池芯片技术及组件为基础，在一定的光照条件下，通过光电转换和储能系统、智能控制系统等精确控制管理系统，将太阳能作为驱动汽车行驶的主驱动动力源的零污染车辆。

图 6-3-5　汉能 Solar 系列全太阳能动力汽车

## 本章小结

　　目前常用的燃气汽车有压缩天然气汽车（CNGV）、液化天然气汽车（LNGV）、液化石油气汽车（LPGV）。它们分别以压缩天然气、液化天然气和液化石油气为燃料。

　　燃气汽车与汽油机汽车、柴油机汽车一样，在发动机基本结构、动力传动系统基本组成及工作特性等方面具有一定的共性。

　　醇类燃料汽车主要有甲醇、乙醇汽车。

　　生物柴油是指以油料作物、野生油料植物和微藻等水生植物油脂及动物油脂、餐饮垃圾油等为原料油，通过酯交换工艺制成的可替代石化柴油的可再生柴油燃料。

　　太阳能汽车主要由太阳能电池组、向日自动跟踪器、驱动系统、控制器和机械系统组成。

# 新能源汽车充电技术

## 学习目标

**知识目标：** 1. 了解新能源汽车充电技术的定义、分类和发展趋势。
2. 掌握传导充电技术的定义、分类、技术特点及应用场合。
3. 了解无线充电技术的定义、分类、技术特点及应用场合与主流应用车型。
4. 了解电池更换技术的定义、分类、技术特点及应用场合与主流应用车型。

**能力目标：** 1. 具有识别新能源汽车交、直流充电口的能力。
2. 具有进行新能源汽车交、直流充电操作的能力。
3. 具有查找资料、文献等获取信息的能力。

**素养目标：** 1. 培养良好的分析问题和解决问题的能力。
2. 培养沟通能力及团队协作精神。
3. 培养 6S 管理执行力。

## 建议学时

8 个学时。

## 课程导入

为了保证新能源汽车的续驶里程，需要对动力蓄电池进行电能补充，动力蓄电池补充电能主要通过将电网的交流电能转换为动力蓄电池需要的直流电能来实现。目前给动力蓄电池进行电能补充的技术主要是充换电技术。充换电技术分为充电技术和换电技术，其中，充电技术可分为传导充电技术和无线充电技术。根据不同的分类标准，充换电技术可分为不同的类型，且各有特点。下面从充换电技术的定义、分类、结构组成、工作原理、技术特点和主流应用车型等方面来学习新能源汽车充电技术。

## 知识储备

### 第一节　充电技术概述

新能源汽车动力蓄电池补充电能主要通过将电网的交流电能转换为动力蓄电池需要的

直流电能来实现，目前给动力蓄电池进行电能补充的技术主要是充换电技术。充换电技术根据不同的分类标准，可分为不同的类型，目前我国主要依据国家标准《电动汽车充换电设施术语》（GB/T 29317-2021）对充换电技术进行分类。

## 一、新能源汽车的充换电方式

### （一）传导充电

#### 1. 定义

国家标准《电动汽车术语》（GB/T 19596-2017）规定，传导充电是指利用电传导给动力蓄电池进行充电的方式。

#### 2. 分类

传导充电

国家标准《电动汽车充换电设施术语》（GB/T 29317-2021）规定，传导充电包括直流充电和交流充电。

直流充电是指采用传导方式以直流电为电动汽车动力蓄电池提供电能的方式，如图 7-1-1 所示。

交流充电是指采用传导方式以交流电为电动汽车车载充电机提供电能的方式，如图 7-1-2 所示。

图 7-1-1　直流充电

图 7-1-2　交流充电

#### 3. 充电模式

国家标准《电动汽车传导充电系统　第1部分：通用要求》（GB/T 18487.1-2015）规定，充电模式是指连接电动汽车到电网（电源）给电动汽车供电的方式，共分四种。

（1）模式1：将电动汽车连接到交流电网（电源）时，在电源侧使用了符合 GB 2099.1 和 GB 1002 要求的插头插座，在电源侧使用了相线、中性线和接地保护的导体。此模式无法与车辆建立通信，因而大多数厂家不采用。

（2）模式2：将电动汽车连接到交流电网（电源）时，在电源侧使用了符合 GB 2099.1 和 GB 1002 要求的插头插座，在电源侧使用了相线、中性线和接地保护的导体，在充电连接时使用了缆上控制与保护装置（IC-CPD）。此模式适用于家用220V充电桩充电。

（3）模式3：将电动汽车连接到交流电网（电源）时，使用了专用供电设备，将电动汽车与交流电网直接连接，并且在专用供电设备上安装了控制导引装置。此模式适用于通过充电站或充电桩进行交流充电。

（4）模式4：将电动汽车连接到交流电网或直流电网时，使用了带控制导引功能的直流供电设备。此模式适用于直流充电。

注：模式2、模式3、模式4应具备控制导引功能。

### 4. 连接方式

国家标准《电动汽车传导充电系统　第1部分：通用要求》（GB/T 18487.1-2015）规定，连接方式是指使用电缆和连接器将电动汽车接入电网（电源）的方法，共分三种。

（1）连接方式A：将电动汽车与交流电网连接时，使用与电动汽车永久连接在一起的充电电缆和供电插头，如图7-1-3所示。大多数厂家不采用此连接方式。

图7-1-3　传导充电连接方式A

（2）连接方式B：将电动汽车与交流电网连接时，使用带有车辆插头和供电插头的独立的活动电缆组件，如图7-1-4所示。此连接方式适用于家用220V充电桩充电。

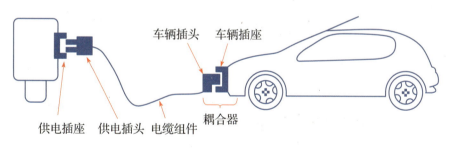

图7-1-4　传导充电连接方式B

（3）连接方式C：将电动汽车与交流电网连接时，使用与供电设备永久连接在一起的充电电缆和车辆插头，如图7-1-5所示。此方式适用于交流充电桩、直流充电桩充电。

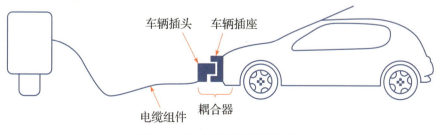

图7-1-5　传导充电连接方式C

### 5. 控制方式

国家标准《电动汽车术语》（GB/T 19596-2017）规定，充电机控制模式分四种。

（1）均衡充电：为确保蓄电池中所有蓄电池单体荷电状态均匀的一种延续充电。

（2）恒流充电：以一个受控的恒定电流给蓄电池进行充电的方式。

（3）恒压充电：以一个受控的恒定电压给蓄电池进行充电的方式。

（4）脉冲充电：以脉冲电流给蓄电池进行充电的方式。

## （二）无线充电

### 1. 定义

国家标准《电动汽车无线充电系统　第 1 部分：通用要求》（GB/T 38775.1-2020）规定，无线充电是指将交流或直流电网（电源）通过无线电能传输技术，为电动汽车动力蓄电池提供电能，也可以为车载设备供电。

### 2. 分类

动态无线充电

国家标准《电动汽车充换电设施术语》（GB/T 29317-2021）规定，无线充电包括静态无线充电和动态无线充电两种。

静态无线充电是指电源向电动汽车进行无线电能传输，电源和电动汽车的物理位置为静止状态，如图 7-1-6 所示。

动态无线充电是指电源向电动汽车进行无线电能传输，电源和电动汽车的物理位置为相对运动状态，如图 7-1-7 所示。

图 7-1-6　静态无线充电

图 7-1-7　动态无线充电

## （三）电池更换

### 1. 定义

| 中国力量 |

中国电动汽车换电技术全球领先

国家标准《电动汽车充换电设施术语》（GB/T 29317-2021）规定，电池更换是指通过更换动力蓄电池为电动汽车提供电能的方式（又称换电），如图 7-1-8 所示。

### 2. 分类

国家标准《电动汽车充换电设施术语》（GB/T 29317-2021）规定，电池更换包括侧向换电、底部换电、顶部换电、端部换电和中置换电五种方式。

图 7-1-8　电池更换

## 二、新能源汽车对充电机的性能要求

为实现安全、可靠、高效进行电动汽车充电，充电机需要具备以下基本性能要求：

（1）安全性。能保证电动汽车充电时操作人员的人身安全和动力蓄电池组的安全。

（2）便利性。充电设备应具有较高的智能性，不需要操作人员过多干预充电过程。

（3）经济性。充电设备成本经济、价格低廉，有助于降低整个电动汽车的成本，提高运行效益，促进电动汽车的商业化推广。

（4）高效率。高效率是对现代充电设备重要的要求之一，效率的高低对整个电动汽车的能量效率具有重大影响。

（5）对电网的低污染性。充电机在使用过程中会对供电网及其他用电设备产生有害的谐波污染，而且由于充电设备功率因数低，在充电系统负载增加时，对其供电网的影响也不容忽视，因此，要求充电设备对整个供电网的污染应低。

## 三、新能源汽车充电技术的发展趋势

### （一）实现智能充电控制

通过现代化的技术手段和管理方法，对电动汽车充电设施进行统一监控，有助于提高电力系统的运行效率和安全性。

### （二）与新能源发电配合

新能源发电可利用的资源丰富、污染较低，甚至是零污染，可以在一定程度上缓解电力供应的紧张情况和环保压力。

### （三）作为系统储能的组成部分

电动汽车行驶时间较短，可在空置时间内参与电网运行，作为储能单元参与系统削峰填谷，减少系统静态储能设备的配置，提高系统的经济性。

### （四）成为智能电网的重要组成部分

将物联网应用于电动汽车充电，将有助于实现电动汽车的自动识别、自动报警、自动管理等功能，是推动智能电网发展的重要技术手段。

## 第二节　充电技术

新能源汽车动力蓄电池补充电能的技术主要是充换电技术。充换电技术分为充电技术和换电技术，其中，充电技术可分为传导充电技术和无线充电技术，换电技术是电池更换。不同的充换电技术，其系统结构组成、工作原理、技术特点和应用场合也各有不同。目前关于新能源汽车充换电技术的主要国家标准有《电动汽车术语》（GB/T 19596-2017）、《电动汽车传导充电系统　第 1 部分：通用要求》（GB/T 18487.1-2015）、《电动汽车无线充电系统　第 1 部分：通用要求》（GB/T 38775.1-2020）与《电动汽车充换电设施术语》（GB/T 29317-2021）等。

### 一、传导充电

#### （一）交流充电

##### 1. 分类

根据使用充电设备的不同，交流充电可分为使用移动充电包充电和使用固定充电桩充电，如图 7 - 2 - 1 和图 7 - 2 - 2 所示。

图 7 - 2 - 1　使用移动充电包充电　　　　图 7 - 2 - 2　使用固定充电桩充电

## 2. 系统组成

根据国家标准《电动汽车充换电设施术语》（GB/T 29317-2021）规定，交流充电系统主要由交流充电桩、交流充电接口、车载充电机、交流充电电缆和充电枪等组成。

（1）交流充电桩。交流充电桩是采用传导方式为具有车载充电机的电动汽车提供交流电源的专用供电装置，按安装方式分为落地式和挂壁式两种，如图7-2-3所示。用户可使用特定的充电卡或手机App在充电桩提供的人机交互界面进行充电方式、充电时间、费用数据打印等操作，充电桩可显示充电量、费用、充电时间等数据。

（2）交流充电接口。交流充电接口的功能定义执行国家标准《电动汽车传导充电用连接装置　第2部分：交流充电接口》（GB/T 20234.2-2015）的规定。交流充电接口的额定值见表7-1-1。

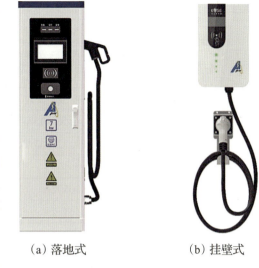

(a) 落地式　　　(b) 挂壁式

图 7-2-3　交流充电桩

表 7-2-1　交流充电接口的额定值

| 额定电压（V） | 额定电流（A） |
| --- | --- |
| 250 | 10/16/32 |
| 440 | 16/32/63 |

交流充电接口为7孔式，包含7对触头，触头布置方式如图7-2-4所示，触头电气参数值和功能定义见表7-2-2。

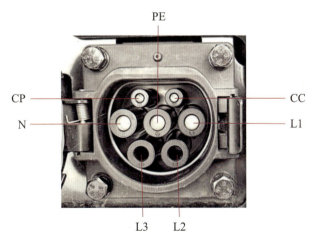

图 7-2-4　交流充电接口触头布置图

表 7-2-2　交流充电接口触头电气参数值和功能定义

| 触头编号/标识 | 额定电压和额定电流 | 功能定义 |
|---|---|---|
| 1—（L1） | 250V/10A/16A/32A | 交流电源（单相） |
| | 440V/16A/32A/63A | 交流电源（三相） |
| 2—（L2） | 440V/16A/32A/63A | 交流电源（三相） |
| 3—（L3） | 440V/16A/32A/63A | 交流电源（三相） |
| 4—（N） | 250V/10A/16A/32A | 中线（单相） |
| | 440V/16A/32A/63A | 中线（三相） |
| 5—（PE） | — | 保护接地，连接供电设备线和车辆电平台 |
| 6—（CC） | 0～30V/2A | 充电连接确认 |
| 7—（CP） | 0～30V/2A | 控制导引 |

（3）车载充电机。车载充电机是安装在电动汽车上运行，将供电电源转换为直流电能，采用传导方式为电动汽车动力蓄电池充电的专用装置，如图7-2-5所示。

图 7-2-5　车载充电机

### 3. 工作原理

　　交流充电一般是将220V交流电引入交流充电桩，通过充电电缆和充电枪与电动汽车交流充电接口对接后，车载充电机再将外部交流电网的电能转换为直流电来对动力蓄电池充电。

### 4. 工作过程

（1）车辆插头与车辆插座插合，使车辆处于不可行驶状态。

（2）确认车辆接口已经完全连接。

（3）确认充电连接装置已经完全连接。

（4）车辆准备就绪。

（5）供电设备准备就绪。

（6）充电系统开启。

（7）检查充电接口的连接状态及供电设备的供电能力变化情况。

（8）正常条件下充电结束或停止。

### 5. 技术特点

　　由于受到车载充电机的功率限制，交流充电功率一般在3～10kW范围内，充电时间一般为 5 ～ 8h。

交流充电的优点：

（1）对充电的要求并不高，充电器和安装成本较低。

（2）可充分利用电力低谷时段进行充电，降低充电成本。

（3）可对电池深度充电，提升电池充放电效率，延长电池使用寿命。

交流充电的缺点：充电时间较长，当车辆需要紧急运行时难以满足电量需求。

### 6. 应用场合

目前国内交流充电技术已经非常成熟，并已经取得大规模应用，主要应用于乘用车、短途物流车、分时租赁车等车型的慢速补电。

## （二）直流充电

### 1. 系统组成

根据国家标准《电动汽车充换电设施术语》（GB/T 29317-2021）的规定，直流充电系统主要由非车载充电机（直流充电桩）、直流充电接口、直流充电电缆和充电枪等组成。

（1）非车载充电机（直流充电桩）。非车载充电机（直流充电桩）是指固定连接到交流或直流电源，并将其电能转换为直流电能，采用传导方式为电动汽车动力蓄电池充电的专用装置，如图 7-2-6 所示。

和交流充电桩一样，用户可使用特定的充电卡或手机 App 在充电桩提供的人机交互界面进行充电方式、充电时间、费用数据打印等操作，充电桩可显示充电量、费用、充电时间等数据。

（2）直流充电接口。直流充电接口的功能定义执行国家标准《电动汽车传导充电用连接装置　第 3 部分：直流充电接口》规定（GB/T 20234.3-2015）。直流充电接口的额定值见表 7-2-3。

图 7-2-6　非车载充电机（直流充电桩）

表 7-2-3　直流充电接口的额定值

| 额定电压（V） | 额定电流（A） |
|---|---|
| 750/1000 | 80 |
| | 125 |
| | 200 |
| | 250 |

直流充电接口为 9 孔式，包含 9 对触头，触头布置方式如图 7-2-7 所示，触头电气参数值和功能定义见表 7-2-4。

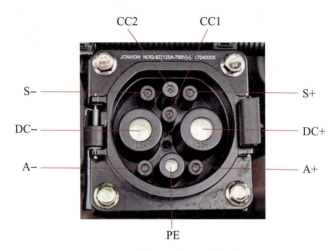

图 7-2-7　直流充电接口触头布置图

表 7-2-4　直流充电接口触头电气参数值和功能定义

| 触头编号/标识 | 额定电压和额定电流 | 功能定义 |
| --- | --- | --- |
| 1—（DC+） | 750V/1000V/80A/125A/200A/250A | 直流电源正，连接直流电源正与电池正极 |
| 2—（DC-） | 750V/1000V/80A/125A/200A/250A | 直流电源负，连接直流电源负与电池负极 |
| 3—（PE） | — | 保护接地，连接供电设备线和车辆电平台 |
| 4—（S+） | 0～30V/2A | 充电通信 CAN_H，连接非车载充电机与电动汽车的通信线 |
| 5—（S-） | 0～30V/2A | 充电通信 CAN_L，连接非车载充电机与电动汽车的通信线 |
| 6—（CC1） | 0～30V/2A | 充电连接确认 |
| 7—（CC2） | 0～30V/2A | 充电连接确认 |
| 8—（A+） | 0～30V/2A | 低压辅助电源正，连接非车载充电机为电动汽车提供的低压辅助电源 |
| 9—（A-） | 0～30V/2A | 低压辅助电源负，连接非车载充电机为电动汽车提供的低压辅助电源 |

**2. 工作原理**

直流充电一般是通过非车载充电机，将电网交流电逆变为直流电，当直流充电枪与电动汽车直流充电接口对接后，通过通信匹配参数，输出电动汽车所需的电压和电流，并将输出的直流电直接与动力蓄电池的正负极对接，为动力蓄电池快速充电。

**3. 工作过程**

（1）车辆插头与车辆插座插合，使车辆处于不可行驶状态。

（2）车辆接口连接确认。

（3）非车载充电机自检。

（4）充电准备就绪。

（5）充电阶段。

（6）正常条件下充电结束。

### 4. 技术特点

直流充电功率一般在 30 ～ 100kW，甚至更大，根据不同车型的电池参数和电平台输出不同的功率。直流充电可短时间内完成动力蓄电池能量补充，0.2 ～ 1h 能完成动力蓄电池总能量 80% 以上的电能补充。

直流充电的优点：

（1）充电时间短，可满足新能源汽车紧急充电的需求。

（2）兼容性好，不需要特殊的车辆底盘设计，对现有的新能源汽车具有很好的兼容性。

直流充电的缺点：

（1）直流充电需要大电流，其对充电设备和动力蓄电池的要求都比较高，这可能会影响动力蓄电池的使用寿命和稳定性。

（2）直流充电设备的安装和维护成本较高，需要大量的资金和人力投入。

（3）直流充电设备需要占用大量的空间和电力资源，对电网造成一定的压力。

### 5. 应用场合

目前国内直流充电技术已经非常成熟，并得到广泛应用，主要应用于绝大部分乘用车、物流车、出租车、大巴车和公交车等车型的中、快速充电。

| 创新强国 |

我国"电动汽车最快充电技术"亮相世界新能源汽车大会

## 二、无线充电

无线电能传输技术是借助于空间无形介质（如电场、磁场、微波等）实现将电能由电源端传递至用电设备的一种供电模式。

### （一）分类

#### 1. 按照无线充电的技术方式分类

按照无线充电的技术方式分类，无线充电可以分为电磁感应式、磁场共振式、电场耦合式和无线电波式四种。由于电场耦合式和无线电波式的传输功率较小，目前新能源汽车无线充电主要采用电磁感应式和磁场共振两种方式，如图 7-2-8 和图 7-2-9 所示。

图 7-2-8 电磁感应式无线充电

图 7-2-9 磁场共振式无线充电

**2. 按照无线充电的充电方式分类**

按照充电方式分类，无线充电可以分为静态无线充电和动态无线充电。静态无线充电是在新能源汽车停驶过程中对其充电，而动态无线充电是在新能源汽车行驶过程中对其进行充电。

## （二）系统组成

根据国家标准《电动汽车充换电设施术语》（GB/T 29317-2021）的规定，无线充电系统主要由地面设备和车载设备组成。

**1. 地面设备**

地面设备是电动汽车无线充电系统的地面侧设备的统称，包括原边设备、非车载功率组件、功率传输控制器及地面通信控制单元等。

（1）原边设备是能量的发射端，与副边设备耦合，将电能转化成交变电磁场并发射出去的装置。

（2）非车载功率组件是将所需交流激励加载至原边设备的高频电力变换单元。

（3）功率传输控制器是电动汽车无线充电系统地面设备的功率控制单元，实现直流到高频交流的逆变，输出满足电动汽车无线充电系统工作频率的交流电，驱动原边设备工作，并根据 CSU 的控制指令，完成电动汽车的无线充电过程的控制。

（4）地面通信控制单元是电动汽车无线充电系统地面设备的通信控制器，与 IVU 通信，完成充电过程的控制，并可与设备管理平台通信，完成电动汽车无线充电系统地面设备的控制管理功能。

**2. 车载设备**

车载设备是电动汽车无线充电系统的车侧设备的统称，包括副边设备、车载功率组件、功率接收控制器和车载通信控制单元等。

（1）副边设备是能量的接收端，与原边设备耦合，接收交变电磁场并转化成电能的装置。

（2）车载功率组件是将副边设备接收的电能通过电力变换器转变为直流电，供给电动汽车。

（3）功率接收控制器是电动汽车无线充电系统车载设备的功率控制单元，对副边输出的高频交流进行整流，输出满足电动汽车车载动力蓄电池要求的直流电，并根据车辆 BMS 的控制指令，完成电动汽车无线充电过程的控制。

（4）车载通信控制单元是电动汽车无线充电系统车辆侧通信控制器，与 CSU 通信，协助完成充电过程的控制。

电动汽车无线充电系统框图如图 7-2-10 所示。

## （三）工作原理

新能源汽车无线充电主要通过电磁感应原理，将直流电能转换成交流电能，并通过磁场无线传输到汽车车底的充电设备上，给动力蓄电池充电。

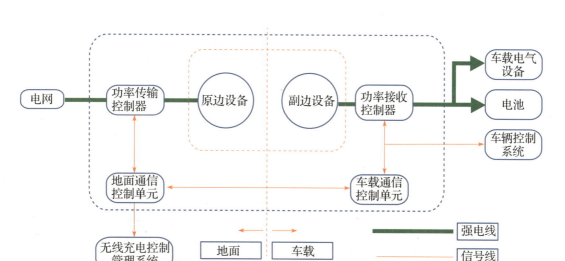

图7-2-10 电动汽车无线充电系统框图

具体来说，无线充电原理主要是利用电磁感应现象，通过发射线圈和接收线圈的相互作用，将电能转换成磁能，再将磁能转换为电能，从而实现无线充电。发射线圈和接收线圈构成了无线充电系统的两个主要部分。发射线圈内部产生的电磁场通过空气传播到接收线圈上，然后由接收线圈接收到磁能，进而转换为电能，为电动汽车的动力蓄电池充电。

静态无线充电的发射线圈是安装在地面上的，而动态无线充电的发射线圈是以一定的距离嵌入道路混凝土中，并连接到电网中。

### （四）技术特点

新能源汽车无线充电技术是一种非接触式充电方式，与传导充电技术相比，各有特点。

#### 1. 优点

（1）便利性。无须人工插拔电缆，不仅提高了充电效率，而且在充电过程中也不会受到电缆的限制，更加方便。

（2）安全性。无线充电不用担心电线损坏或断裂导致的安全隐患，同时，由于无须人工接触充电器和电池，可以有效降低电池损坏或者引起火灾的风险。

（3）环保性。无线充电技术主要采用的是电磁感应原理，不需要使用含有有害物质的充电电缆和插头，对环境友好，减少了对环境的污染。

（4）空间利用率高。电源及变压器隐藏在地下，更加节省空间。

#### 2. 缺点

（1）充电效率较低。功率小，只能慢充，传输效率要低于传导充电。

（2）对于车辆位置要求比较严格。

（3）成本高。无线充电需要特殊的电磁感应设备，成本较高。

（4）兼容性较差。各个品牌充电标准不一，无统一技术标准。

### （五）应用场合和主流车型

无线充电技术为新能源汽车的发展提供了更好的解决办法，正在逐渐普及，目前主要应用于停车时间较长，且不需要大量电量的场景，如停车场、公共场所等。

目前，大功率无线充电技术的供应者主要有高通 Halo 公司和 WiTricity 公司，而国内具有正向自主开发能力的企业为中兴新能源和合肥有感科技有限责任公司等。

无线充电技术应用主流车型主要有现代捷尼赛思 GV60（见图 7-2-11）、宝马 530e iPerformance、北汽 EV150、智己 L7 和红旗 E-HS9（见图 7-2-12）等。

图 7-2-11　现代捷尼赛思 GV60

图 7-2-12　红旗 E-HS9

## 三、电池更换

电池更换是通过专用装置或人工辅助快速更换动力蓄电池实现电动汽车电能补充的过程。

电池更换

### （一）分类

#### 1. 根据更换动力蓄电池的位置分类

根据更换动力蓄电池位置的不同，电池更换分为侧向换电、底部换电、顶部换电、端部换电和中置换电五种方式。

（1）侧向换电：电池箱于车体侧面进行更换的换电方式。

（2）底部换电：电池箱于车体底部进行更换的换电方式。

（3）顶部换电：电池箱于车体顶部进行更换的换电方式。

（4）端部换电：电池箱于车体前后端部进行更换的换电方式。

（5）中置换电：电池箱于底盘中间进行更换的换电方式。

#### 2. 根据更换动力蓄电池的方式分类

根据更换动力蓄电池方式的不同，电池更换分为整包换电和分箱换电两种方式。

（1）整包换电：将汽车底部的电池包整体更换。不同车型电池包的标准不同。

（2）分箱换电：设计标准化、可拆卸的动力蓄电池箱，并根据不同车型的需求，在车辆底部布置不同数量的动力蓄电池箱，换电时只需更换动力蓄电池箱即可。

### （二）系统组成

换电设施主要包括电池更换站、电池充电站和电池配送中心；而电池更换系统是实现电动汽车动力蓄电池更换的机械设备和电气设备组成的系统，主要由动力蓄电池箱、电池箱电连接装置、电池箱锁止机构、充电架、电池箱储存架、电池箱充电机、电池箱更换设备、电池箱转运设备和车辆引导系统组成。

### （三）技术特点

电池更换作为新能源汽车一种新的补能方式，有其独特优势，也存在很多制约因素。

#### 1. 优点

（1）换电时间短。一个完整的换电过程所需时间一般不超过 5min。

（2）安全性高。由于换电是采用恒温恒湿、小倍率充电，实现了多重保护，使电池过热的风险得到了很好的控制。

（3）延长电池的使用寿命。由于换电采用小电流慢充，可让动力蓄电池的使用寿命延长 30% ～ 60%。

（4）降低购车成本。换电技术模式下的"车电分离"销售模式中，用户买车可以只买裸车，电池可以是租赁的模式，大大降低了用户的购车成本。

（5）有效缓解电网负荷。换电站可以利用其自身优势，实施分阶段小负荷充电，有效减少集中充电给电网带来的负荷。

#### 2. 缺点

（1）成本高。需要投资大量的设备来储存、充电和管理电池组，建设成本及维护和运营成本较高。

（2）兼容性较差。由于动力蓄电池标准不统一，导致兼容性较差。

### （四）应用场合和主流车型

国内的动力蓄电池换电技术在商用车领域的应用已经非常普遍。特别是在公共交通、物流和租赁等领域，电动公交车、电动物流车和共享电动汽车等已经广泛采用了动力蓄电池换电技术。

国内最早开始谋划和布局换电站建设的整车车企有北汽新能源和蔚来汽车，北汽新能源主要针对电动出租车领域，蔚来汽车则更加重视对私领域的拓展。

换电技术应用主流车型主要有蔚来 ET5（见图 7 - 2 - 13）、北汽 EU5（见图 7 - 2 - 14）等。

图 7 - 2 - 13　蔚来 ET5

图 7 - 2 - 14　北汽 EU5

## 🚗⚙️ 本章小结

新能源汽车充换电技术分为充电技术和换电技术，其中，充电技术可分为传导充电技术和无线充电技术。根据不同的分类标准，充换电技术可分为不同的类型，且各有特点。

　　传导充电是指利用电传导给蓄电池进行充电的方式，包括直流充电和交流充电。

　　无线充电是指将交流或直流电网（电源）通过无线电能传输技术，为电动汽车动力蓄电池提供电能，也可以为车载设备供电。按技术方式可以分为电磁感应式、磁场共振式、电场耦合式和无线电波式四种，按充电方式可以分为静态无线充电和动态无线充电。

　　电池更换是指通过更换动力蓄电池为电动汽车提供电能的方式（又称换电）。根据更换位置的不同，电池更换分为侧向换电、底部换电、顶部换电、端部换电和中置换电五种方式；根据更换方式的不同，电池更换分为整包换电和分箱换电两种方式。

# 第八章

# 新能源汽车的安全防护

## 学习目标

**知识目标：** 1. 掌握高压电的定义。

2. 了解高压电对人体的危害。

3. 了解新能源汽车的高压安全防护措施。

4. 了解高压安全防护用具。

**能力目标：** 1. 能识别高压标记。

2. 能正确穿戴高压安全防护用具。

3. 掌握触电事故现场的应急处理方法。

4. 具有查找资料、文献等获取信息的能力。

**素养目标：** 1. 培养良好的分析问题和解决问题的能力。

2. 培养沟通能力及团队协作精神。

3. 培养 6S 管理执行力。

## 建议学时

8 个学时。

## 课程导入

新能源汽车由于具有高压系统，有可能对人体造成伤害，为确保人身安全，生产厂家在设计生产新能源汽车时会采取相应的高压安全防护措施。作为新能源汽车驾驶人和维修从业人员，应该了解高压电的危害，遵守新能源汽车安全操作规范，并掌握触电事故现场的应急处理方法。下面我们就从高压电的危害、高压安全防护措施和触电急救处理三个方面来学习新能源汽车的安全防护知识。

知识储备

# 第一节　高压电的危害

## 一、高压电的定义

### （一）电力系统高压电的定义

国家标准《电工术语发电、输电及配电通用术语》（GB/T 2900.50-2008）对电力系统的电压等级进行了划分。

**1. 低压**

用于配电的交流电力系统中 1 000V 及以下的电压等级为低压。新能源汽车维修从业人员要求经考试合格并取得国家安全生产监督管理总局核发的《特种作业操作证》，作业类别为电工作业，准操项目为低压电工作业，这里所说的低压就是电力系统的低压。

**2. 高压**

高压通常指超过低压的电压等级。电力系统中高于 1kV、低于 330kV 的交流电压等级为高压。

**3. 安全电压**

安全电压是指不致使人直接致死或致残的电压。国家标准《安全电压》（GB 3805-1983）规定我国安全电压额定值的等级为 42V、36V、24V、12V 和 6V，应根据作业场所、操作员条件、使用方式、供电方式、线路状况等因素选用。例如，特别危险环境中使用的手持电动工具应采用 42V 特低电压；有电击危险环境中使用的手持照明灯和局部照明灯应采用 36V 或 24V 特低电压；金属容器内、特别潮湿处等特别危险环境中使用的手持照明灯就采用 12V 特低电压；水下作业等场所应采用 6V 特低电压。

电动汽车高压电

### （二）电动汽车高压电的定义

考虑到空气的湿度和人体在不同工作环境下的电阻，不同电压等级可能对人体产生的伤害和危险程度不同，国家标准《电动汽车安全要求》（GB 18384-2020）第 4 点"电压等级"规定，根据电动汽车最大工作电压，将电气元件或电路分为两个等级，见表 8-1-1。

表 8-1-1　电压等级

| 电压等级 | 最高工作电压（V） | |
| :---: | :---: | :---: |
| | 直流 | 交流（rms） |
| A | $0 < U \leqslant 60$ | $0 < U \leqslant 30$ |
| B | $60 < U \leqslant 1\ 500$ | $30 < U \leqslant 1\ 000$ |

### 1. A 级电压

A 级电压是指电气元件或电路的最大电压值不大于 30V（AC）（rms）或不大于 60V（DC）的电压。

A 级电压是较为安全的电压，对于 A 级电压的电路不要求提供触电防护。

电动汽车 12V 电源系统的电气线路属于低压电路。

### 2. B 级电压

B 级电压是指电气元件或电路的最大电压值 30V（AC）（rms）以上且不大于 1 000V（AC）（rms）或 60V（DC）以上且不大于 1 500V（DC）的电压。

B 级电压会对人体造成伤害，可视为高压。对于任何 B 级电压电路的带电部件，都应为人员提供危险接触的防护。直接接触防护应由带电部件的基本绝缘提供，或由遮挡、外壳或两者结合来提供。

新能源汽车的高压电，既有直流电，也有交流电。高压直流电主要分布在动力蓄电池到各个驱动部件的位置，如动力蓄电池到逆变器之间连接、动力蓄电池到高压空调压缩机之间连接都是高压直流电；高压交流电主要分布在逆变器与驱动电机之间，以及充电接口与车载充电器之间。

## 二、高压电的危害

电流通过人体时会对人体的内部组织造成破坏。电流作用于人体，表现的症状有针刺感、压迫感、打击感、痉挛、疼痛，乃至血压升高、昏迷、心律不齐、心室颤动等。电流通过人体内部，对人体伤害的严重程度与通过人体的电流大小、电流通过人体的持续时间、电流通过人体的途径、电流的种类及个体差异等多种因素有关，而且各因素之间是相互关联的，伤害严重程度主要与电流大小和通电时间长短有关。

### （一）电流对人体危害的影响因素

#### 1. 通过人体的电流大小

通过人体的电流越大，人体的生理反应越明显，感觉越强烈。当通过人体的电流达到一定值（成年男性和成年女性分别约为 9mA 和 6mA）且时间过长时，可能会导致人昏迷、窒息甚至死亡。

通过人体的电流大小取决于外加电压和人体电阻，一般情况下 220V 工频电压作用下人体的电阻为 1 000～2 000Ω。

#### 2. 电流通过人体的持续时间

电流从左手到双脚会引起心室颤动效应。通电时间越长，越容易引起心室颤动，造成的危害越大。一般认为通电时间与电流的乘积大于 50mA·s 时就有生命危险。

因此，通过人体的电流越大，时间越长，电击伤害造成的危害越大。通过人体的电流大小和通电时间的长短是电击事故严重程度的基本决定因素。

#### 3. 电流通过人体的途径

电流通过人体的途径不同，造成的伤害也不同。电流通过心脏可引起心室颤动，导致心跳停止，使血液循环中断而致死。电流通过中枢神经或有关部位，会引起中枢神经系统强烈失调；通过头部会使人立即昏迷，而当电流过大时，则会导致人死亡；电流通过脊髓，可能导致人肢体瘫痪。

### 4. 电流的种类

直流电和交流电均可使人发生触电。相同条件下，直流电比交流电对人体的危害要小。

交流电频率不同，对人体的伤害程度也不同，高频电流比工频电流更易引起皮肤灼伤。

### 5. 个体差异

不同的个体在同样条件下触电可能会出现不同的后果。一般而言，女性对电流的敏感度较男性高，小孩较成人易受伤害，体质弱者比体质强者易受伤害，特别是患有心脏病、神经系统疾病的人更容易受到伤害，后果更严重。

## （二）电流对人体危害的类型

高压电对人体的危害是多方面的，根据危害的性质不同，可以分为电击、电伤等类型。

### 1. 电击

电击是电流对人体内部组织的伤害，是最危险的一种伤害，绝大多数（大约85%以上）的触电死亡事故都是由电击造成的。

按照发生电击时电气设备的状态，电击可分为直接接触电击和间接接触电击。

（1）直接接触电击是触及设备或线路正常运行时的带电部分所形成的电击（如误触接线端子发生的电击），也称为正常状态下的电击。

（2）间接接触电击是触及正常状态下不带电，而当设备或线路故障时意外带电的导体所发生的电击（如触及漏电设备的外壳发生的电击），也称为故障状态下的电击。

### 2. 电伤

电伤是电流的热效应、化学效应、机械效应等对人体造成的伤害。电伤造成的伤害多见于机体的外部，往往会在人体上留下明显的伤痕。电伤包括电灼伤、电烙印、皮肤金属化、机械损伤、电光眼等多种伤害。

（1）电灼伤：电灼伤是电流的热效应造成的伤害，分为电流灼伤和电弧烧伤两种情况。电流灼伤是人体与带电体接触，电流通过人体由电能转换成热能造成的伤害。电弧烧伤是由弧光放电造成的烧伤。

（2）电烙印：人体与带电体接触的部位留下的永久性斑痕，斑痕处皮肤失去弹性，表皮坏死。

（3）皮肤金属化：电流的作用使熔化和蒸发的金属微粒渗入人体的皮肤，导致皮肤坚硬、粗糙，呈现特殊的颜色。

（4）机械性损伤：电流作用于人体，由于中枢神经反射和肌肉强烈收缩等作用导致的机体组织断裂、骨折等伤害。

（5）电光眼：电光眼的成因是当发生弧光放电时，由红外线、可见光、紫外线对眼睛造成的伤害。电光眼表现为角膜炎或结膜炎。

# 第二节　高压安全防护措施

## 一、高压安全防护设计

相对于传统内燃机汽车而言，新能源汽车的一个重要特点是车内装有能保证足够动力性能的高压系统，电压可达 300V 以上，电流可达 30A 以上，因此就会存在高压用电危险。考虑到驾驶人和维修从业人员的安全，防止触电事故的发生，生产厂商在设计生产新能源汽车时采取了一些高压用电安全防护措施。

电动汽车高压安全防护设计

### (一) 高压标记

新能源汽车上高压元件很多，为防止意外触及，保障驾驶人和维修从业人员的安全，对这些高压元件均采用特殊的标识或颜色进行高压标记。国家标准《电动汽车安全要求》（GB 18384-2020）对高压标记做了具体规定，高压标记包括高压警告标记和高压电线标记两种。

#### 1. 高压警告标记

为保障驾驶人和维修从业人员的安全，在新能源汽车所有高压元件（如动力蓄电池、驱动电机、电机控制器、高压配电箱、高压空调压缩机、PTC 加热器、车载充电机等）上面都贴有高压警告标记，符号的底色为黄色，边框和箭头为黑色，如图 8-2-1 所示。

#### 2. 高压电线标记

根据国家标准，新能源汽车高压电路中电缆和线束的外皮都要使用橙色高压电线标记以区别低压系统的黑色线束。高压电缆和线束如图 8-2-2 所示。

| 创新强国 |

技术创新确保车辆高压系统安全运行

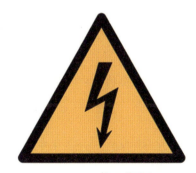

图 8-2-1　高压警告标记

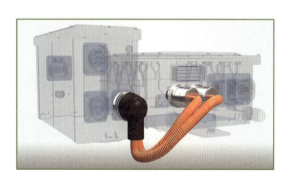

图 8-2-2　高压电缆和线束

### (二) 高压维修断开装置

在新能源汽车的装配、保养和维修操作中，需要有手动断开高压回路的功能，保证在操作过程中维修从业人员可能接触到的电气设备上面不带有危险电压，从而保护人员免受电击伤害，因此，新能源汽车上都装有高压维修断开装置，如图8-2-3所示。

高压维修断开装置一般设置于动力蓄电池系统中，在维修人员进行高压系统维护前断开高压维修断开装置，可使得高压输出端不带危险电压，从而防止人员因误接触导致的触电。

图8-2-3　高压维修断开装置

### （三）绝缘监测

新能源汽车设计有绝缘监测电路，对高压电缆和高压元件进行绝缘监测，当出现绝缘故障时，可通过仪表给驾驶人提示信息进行报警，或关闭高压系统，如图8-2-4所示。

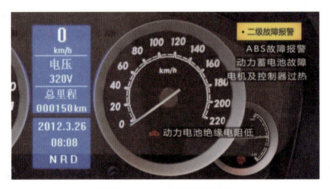

图8-2-4　绝缘故障报警

### （四）高压互锁

新能源汽车高压互锁，也指危险电压互锁回路，简称HVIL，如图8-2-5所示。通过使用电气小信号，来检查车辆高压元件、线路、连接器及护盖的电气完整性，若识别出回路异常断开时，则会在毫秒级时间内断开整车高压电，启动安全防护，从而保障驾驶人和维修从业人员的安全。

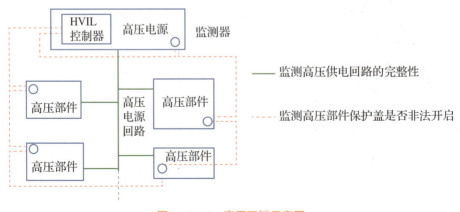

图8-2-5　高压互锁示意图

高压互锁信号回路包括两部分：一部分用于监测高压供电回路的完整性；另一部分用于监测所有高压元件保护盖是否非法开启。

新能源汽车还有功能互锁设计，当车辆正在进行充电或插上充电枪的时候，整车控制系统会限制整车，让其不能通过自身驱动系统驱动车辆，以防止可能发生的线束拖拽或其他安全事故。

### （五）高压自放电

由于驱动电机控制器中有薄膜电容等可储能装置，当车辆发生碰撞、高压回路中某处插接器出现断开状态或高压元件存在开盖等紧急情况时，动力蓄电池管理系统会控制整车下电，但驱动电机控制器内部仍然会存在高压电，为保证安全，驱动电机控制器必须具有主被动放电功能，将其内部电压降低到安全电压以下。

国家标准《电动汽车用驱动电机系统　第1部分：技术条件》（GB/T 18488.1—2015）规定，驱动电机控制器的主动放电是指当驱动电机控制器被切断电源，切入专门的放电回路后，控制器支撑电容快速放电的过程；当对驱动电机控制器有主动放电要求时，驱动电机控制器支撑电容放电时间应不超过3s；驱动电机控制器的被动放电是指当驱动电机控制器被切断电源后，不切入专门的放电回路，控制器支撑电容自然放电的过程；当对驱动电机控制器有被动放电要求时，驱动电机控制器支撑电容放电时间应不大于5min。主动放电和被动放电的目的，都是要在规定时间内将驱动电机控制器内的电压降到60V（DC）以下，从而迅速释放危险电能，最大限度地保证安全。

目前常用的主动放电法是通过外加放电回路，利用电阻放电，而被动放电一般就是通过在电容上串联一个或一组电阻来放电。被动放电是主动放电的二重保护。

## 二、高压安全防护用具

新能源汽车具有高压系统，存在高压用电危险，维修人员对新能源汽车进行维护时，必须做好高压安全防护，穿戴好绝缘手套、护目镜、绝缘帽、绝缘工服、绝缘鞋等个人防护用具。

高压安全防护
用具

### （一）绝缘手套

绝缘手套是起电气绝缘作用的一种带电作业用手套，如图8-2-6所示。它可以使人的双手与带电体绝缘，防止人手触及同一电位带电体或同时触及不同电位带电体而触电。根据所用的原料不同，绝缘手套可分为天然橡胶绝缘手套和合成橡胶绝缘手套两大类。

使用绝缘手套时要遵守下列要求：

（1）检查耐压等级等绝缘手套标记。根据规定，绝缘手套的每只手套上必须有明显且持久的标记，内容包括标记符号、使用电压等级/类别、制造单位或商标、规格型号、周期试验日期栏、检验合格印章、贴有经试验单位定期试验的合格证等信息。

图8-2-6　绝缘手套

注：进行新能源汽车维护作业时，选用耐压级别为0的绝缘手套即可满足需求。

（2）检查绝缘手套的气密性，具体方法如图8-2-7所示。将手套从口部向上卷，稍用力将空气压至手掌及手指部分检查上述部位有无漏气，若有漏气，则不能使用。

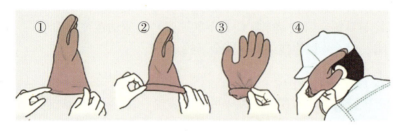

图8-2-7　绝缘手套气密性检查

（3）使用绝缘手套前应进行外观检查。若发现有发粘、裂纹、破口（漏气）、气泡、发脆等损坏，则禁止使用。

（4）当戴绝缘手套作业时，应将衣袖口放进手套筒内，以防发生意外。

（5）使用绝缘手套时注意防止尖锐物体刺破手套。

（6）绝缘手套使用完后，应将内外擦洗干净，如果变脏，可以用肥皂清洗，并用水温不超过65℃的清水冲洗，待干燥后，撒上滑石粉放置平整，以防受压受损，且不能放置于地上。

（7）绝缘手套不得接触油类及腐蚀性药品等。

（8）使用绝缘手套时，要按有关规定进行试验，每半年检查一次。

### （二）护目镜

在新能源汽车维护工作中，高压部件相互接触时会发出电弧光，电弧光热度高，亮度大，会对眼睛直接造成伤害。护目镜（见图8-2-8）就是用于防御电气设备拉弧产生的电火花对眼睛的损伤。

图8-2-8　护目镜

佩戴护目镜的注意事项：

（1）使用前需要对护目镜进行检查，看护目镜有无裂痕、损坏、老化，螺钉是否紧固等，如图8-2-9所示。

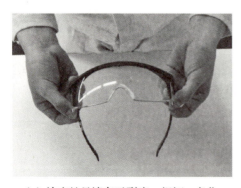

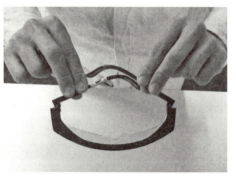

（a）检查护目镜有无裂痕、损坏、老化　　　　（b）检查护目镜螺钉是否紧固

图8-2-9　检查护目镜

（2）应根据脸型选择规格合适的护目镜。

（3）要选用经产品检验机构检验合格的护目镜。

（4）当镜片磨损粗糙、镜架损坏时，会影响操作人员的视力，应及时调换。

（5）护目镜要专人使用，防止传染眼疾。

（6）防止重摔重压，防止坚硬的物体摩擦镜片和面罩。

（7）佩戴护目镜时可以佩戴其他眼镜。

### （三）绝缘帽

绝缘帽（见图8-2-10）具备电绝缘性、阻燃性。当新能源汽车处于举升状态，进行维护时，应使用绝缘帽。

佩戴绝缘帽的注意事项有：

图8-2-10　绝缘帽

（1）使用绝缘帽前需要检查合格标识、外观、固定带和松紧装置。检查有无裂缝或损伤，有无明显变形，下颚带是否完好、牢固。

（2）佩戴绝缘帽时，必须按照头围的大小调整并系好下颚带。

（3）使用绝缘帽时，应保持整洁，不能接触火源。

（4）使用绝缘帽时，要定期检查，检查有无龟裂、下凹、裂痕和磨损等情况，发现异常要立即更换。

### （四）绝缘工服

绝缘工服（见图8-2-11）是一种专门的防护服装，主要用于保护维护人员在高压电作业过程中的安全。

绝缘工服有以下三个特点：

（1）防电击。绝缘工服能够有效抵抗高压电流，不会使电流通过，维持着人体与地面之间的隔离，从而避免电伤事故的发生。

（2）防静电。在电力系统中，静电会通过电气设备制造故障，或者加速设备的消耗和老化，而绝缘工服能够防止静电的产生，更好地保护系统。

（3）舒适透气。绝缘工服采用防静电导电材料，其质地柔软、舒适透气，穿着起来轻便而不会影响工作效率。

绝缘工服使用的注意事项：

（1）绝缘工服应定期检查和维修，检测绝缘性能是否满足要求，必要时更换。

（2）穿着绝缘工服时，必须注意清洁保养，不要将其与其他衣物混洗，也不要使用含漂白剂的洗涤剂。

（3）绝缘工服若有破损、潮湿等情况，则必须停止使用。

（4）定期对绝缘工服进行光照处理，可以提高其绝缘水平和延长使用寿命。

图8-2-11　绝缘工服

### （五）绝缘鞋

绝缘鞋（见图8-2-12）的作用是使人体与地面绝缘，防止电流通过人体与大地之间构成通路，对人体造成电击伤害，把触电时的危险降低到最低程度；它还可以防止试验电压范围内的跨步电压对人体造成的危害。

图8-2-12 绝缘鞋

根据耐压范围有20kV、6kV和5kV几种绝缘鞋，使用时须根据作业范围进行选择。

穿戴绝缘鞋时的注意事项有：

（1）穿戴绝缘鞋前需检查鞋底有无断裂，鞋面有无划痕磨损、是否干燥，如图8-2-13所示。凡帮底有腐蚀、破损之处，均不能再使用。

（a）检查绝缘鞋鞋底有无断裂

（b）检查绝缘鞋有无划痕磨损

图8-2-13 检查绝缘鞋外观

（2）产品为6kV牛革面绝缘鞋，适用于1kV以下的工作环境。

（3）穿戴绝缘鞋时，应保持鞋面干燥。

（4）绝缘鞋应放在干燥、通风处，不能随意乱放，并且避免接触高温、尖锐物和酸碱油类物质。

（5）储存期超过24个月的绝缘鞋须进行预防性电性能检验。

### （六）绝缘垫

绝缘垫（见图8-2-14）是具有较大电阻率和耐电击穿的胶垫，主要在新能源汽车维护时用于地面的铺设，起到绝缘的作用。

使用绝缘垫时的注意事项有：

（1）对新能源汽车进行维护工作前，必须选择四点来检测绝缘垫的绝缘性。

（2）检测绝缘垫的绝缘性时，必须单手操作。

图8-2-14 绝缘垫

## 三、高压作业安全规定

为确保维修从业人员的人身安全，避免违规操作引起安全事故，在进行高压元件维护时，必须严格遵守新能源汽车维护安全操作规范。

### （一）安全防护要求

（1）在维修作业前采用安全隔离措施（使用警戒栏隔离），并树立高压警示牌，以警示相关人员，避免发生安全事故。

（2）维修人员必须穿戴必要的安全防护用品，如绝缘手套、防酸碱手套、绝缘鞋、绝缘工服、护目镜等，其耐压等级必须大于1 000V。

（3）使用前必须检查绝缘手套、绝缘鞋等防护用品，不能带水进行操作，保证内外表面洁净、干燥、完好无损，确保安全。

（4）绝缘手套、绝缘鞋、绝缘垫定期送当地相关计量机构计量绝缘性能。计量间隔：自产品生产日期开始，每3个月一次。

（5）绝缘工具定期送当地相关计量机构计量绝缘性能。计量间隔：自产品生产日期开始，每12个月一次。

（6）维修车辆时，严格遵守"双人作业"安全规范，必须设置专职监护人一名，监护人的工作职责为监督维修全过程。

（7）在维修高压部分前，将车身用搭铁线连接到混合动力及纯电动汽车专用维修工位的接地线上。

（8）严禁未经培训的人员进行高压部分检修，禁止一切带有侥幸心理的危险操作，避免发生安全事故。

### （二）安全维修操作规范

（1）正确识别高压部件：整车橙色线束均为高压线；动力蓄电池包连至电源管理器的红色电压采样线束；动力蓄电池包、高压配电箱、车载充电机、驱动电机控制器总成、电动空调压缩机总成、电加热芯体PTC等。

（2）检修高压系统时，点火开关必须处于OFF挡（若为智能钥匙系统，车辆须不在智能钥匙感应范围内，并且车辆处于非充电状态），并拔下紧急维修开关。紧急维修开关被拔下后，由专职监护人员保管，并确保在维修过程中不会有人将其插到高压系统上。

（3）在断开紧急维修开关5min后、检修高压系统前，应使用万用表测量整车高压回路，确保无电。

（4）调试高压必须在低压调试好的前提下调试，便于判断动力蓄电池包是否漏电，如有漏电情况应及时检查，不能进行高压调试。

（5）拆装动力蓄电池包总成时，首先把高压配电箱连接高压线束插接件用绝缘胶带缠好，拆装过程不要损坏线束，以免发生触电危险。

（6）检修或更换高压线束、油管等经过车身钣金孔的部件时，需注意检查与车身钣金孔的防护是否正常，避免线束、油管磨损。

（7）若发生异常事故和火灾时，操作人员应立即切断高压回路，其他人员立即使用灭火器扑救，应使用干粉灭火器，严禁用水剂灭火器。

# 第三节　触电急救处理

发生触电事故后，如现场抢救及时，方法得当，人可以获救的概率会很高，现场急救对抢救触电者是非常重要的。据统计，触电后 1min 开始救治，90% 有良好效果；触电后 12min 开始救治，救活的可能性就很小。因此，发生触电事故后，正确采取应急处理措施、及时抢救是至关重要的。

进行触电急救时首先使触电者脱离电源，然后再进行相应的处理。

## 一、脱离触电电源的操作

（1）首先要使触电者迅速脱离电源，越快越好，因为电流作用的时间越长，伤害越大。

（2）触电者未脱离电源前，救护人员不准直接用手触及触电者，因为有触电的危险。

（3）使用绝缘工具或干燥的木棒、木板、绳索等不导电的物品解脱触电者；也可佩戴绝缘手套后解脱触电者，但切记要避免碰到带电物体和触电者的裸露身躯；救护人员也可站在绝缘垫上，绝缘自己进行救护。注意：为使触电者与导电体解脱，最好用一只手进行救护。

（4）若是在维修动力蓄电池组或更换电芯时触电，触电者受到电击后极易麻痹、昏厥或休克而倒在电池上，由于电池内部的带电部分裸露较多，为避免触电面积增加，进而对触电者的伤害加大，施救时可先用绝缘隔板、干木板或绝缘塑料板插于触电者与电池之间，然后再将触电者脱离移开，同时施救者也要保护自身安全。

## 二、触电者脱离电源后的处理

（1）若触电者神志清醒，应使其就地躺平，严密观察，暂时不要站立或走动。

（2）若触电者神志不清，应使其就地仰面躺下，且确保气道通畅，并用 5s 时间呼叫触电者或轻拍其肩部，以判定触电者是否丧失意识。禁止摇动触电者头部呼叫。

（3）需要抢救的触电者，应立即就地抢救，并设法联系医疗部门接替救治。

（4）呼吸、心跳情况的判定：若触电者丧失意识，应在 10s 内，用看、听、试的方法，判定触电者呼吸、心跳情况，如图 8-3-1 所示。

图 8-3-1　呼吸、心跳情况的判定

①看：看触电者的胸部、腹部有无起伏动作。

②听：用耳贴近触电者的口鼻处，听有无呼气声音。

③试：试测触电者的口鼻有无呼气的气流。再用两手指轻试触电者的一侧（左或右）喉结旁凹陷处的颈动脉有无搏动。

若看、听、试后，发现触电者既无呼吸又无颈动脉搏动，则可判定触电者呼吸、心跳停止。

## 三、触电急救操作

触电者呼吸和心跳均停止时，应立即按心肺复苏法（操作要点见图8-3-2）支持生命的三项基本措施，即通畅气道、口对口（鼻）人工呼吸、胸外按压（人工循环），正确进行就地抢救。

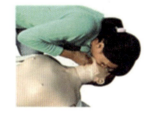

图8-3-2 心肺复苏法操作要点

### （一）通畅气道

（1）触电者呼吸停止，重要的是始终确保气道通畅。如发现触电者口内有异物，可将其身体及头部同时侧转，迅速用一个手指或用两个手指交叉从口角处插入，取出异物。操作中要注意防止将异物推到咽喉深部。

（2）通畅气道可采用仰头抬颏法（见图8-3-3）。用一只手放在触电者前额，另一只手的手指将其下颌骨向上抬起，两手协同将头部推向后仰，这样触电者的舌根就会随之抬起，气道即可通畅。严禁用枕头或

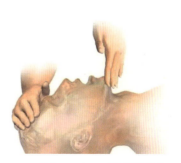

图8-3-3 仰头抬颏法

其他物品垫在触电者头下，头部抬高前倾，会加重气道阻塞，且使胸外按压时流向脑部的血流减少，甚至消失。

### （二）口对口（鼻）人工呼吸

（1）在保持触电者气道通畅的同时，救护人员用放在触电者额上的手的手指捏住触电者鼻翼，救护人员深吸气后，与触电者口对口紧合，在不漏气的情况下，先连续大口吹气两次，每次 1 ～ 1.5s，如图 8 - 3 - 4 所示。如两次吹气后试测颈动脉仍无搏动，可判定心跳已经停止，要立即同时进行胸外按压。

图 8 - 3 - 4　口对口（鼻）人工呼吸

（2）除开始时大口吹气两次外，正常口对口（鼻）呼吸的吹气量不需过大，以免引起胃膨胀。吹气和放松时要注意伤员胸部应有起伏的呼吸动作。吹气时如有较大阻力，可能是头部后仰不够，应及时纠正。

（3）触电者如牙关紧闭，可口对鼻人工呼吸。口对鼻人工呼吸吹气时，要使触电者嘴唇紧闭，防止漏气。

### （三）胸外按压（人工循环）

#### 1. 操作步骤

正确的按压位置是保证胸外按压效果的重要前提。确定正确的按压位置的步骤如下：

（1）右手的食指和中指沿触电者的右侧肋弓下缘向上，找到肋骨和胸骨接合处的中点。

（2）两手指并齐，中指放在切迹中点（剑突底部），食指平放在胸骨下部。

（3）另一只手的掌根紧挨食指上缘，置于胸骨上，即为正确按压位置（见图 8 - 3 - 5）。

#### 2. 按压姿势

正确的按压姿势是达到胸外按压效果的基本保证。正确的按压姿势如图 8 - 3 - 6 所示。

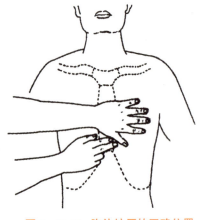

图 8 - 3 - 5　胸外按压的正确位置

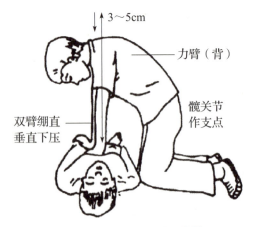

图 8 - 3 - 6　正确的按压姿势

（1）使触电者仰面躺在平硬的地方，救护人员站立或跪在触电者一侧肩旁，救护人员的两肩位于触电者胸骨正上方，两臂伸直，肘关节固定不屈，两手掌根相叠，手指翘起，不接触触电者的胸壁。

（2）以髋关节为支点，利用上身的重力，垂直将正常成人胸骨压陷 3～5cm（儿童和瘦弱者酌减）。

（3）压至要求程度后，立即全部放松，但放松时救护人员的掌根不得离开触电者的胸壁。

（4）按压必须有效，有效的标志是按压过程中可以触及颈动脉搏动。

### 3. 操作频率

胸外按压要以均匀速度进行，每分钟 80 次左右，每次按压和放松的时间相等。胸外按压与口对口（鼻）人工呼吸同时进行，其节奏为：单人抢救时，每按压 15 次后吹气 2 次（15：2），反复进行；双人抢救时，每按压 5 次后由另一人吹气 1 次（5：1），反复进行。

### （四）抢救过程中的再判定

（1）按压吹气 1min 后（相当于单人抢救时做了 4 个 15：2 压吹循环），应用看、听、试方法在 5～7s 内完成对伤员呼吸和心跳是否恢复的再判定。

（2）若判定颈动脉已有搏动但无呼吸，则暂停胸外按压，再进行 2 次口对口人工呼吸，接着每 5s 吹气一次（即每分钟 12 次）。如脉搏和呼吸均未恢复，则继续坚持心肺复苏法抢救。

（3）在抢救过程中，要每隔数分钟再判定一次，每次判定时间均不得超过 5～7s。在医务人员未接替抢救前，现场抢救人员不得放弃抢救。

## 本章小结

不同电压等级可能对人体产生的伤害和危险程度不同，国家标准《电动汽车安全要求》（GB 18384-2020）第 4 点"电压等级"规定，根据电动汽车最大工作电压，将电气元件或电路分为 A、B 两个等级。

高压电对人体的危害可以分为电击、电伤等类型，对人体伤害的严重程度与通过人体的电流大小、电流通过人体的持续时间、电流通过人体的途径、电流的种类及个体差异等多种因素有关。

新能源汽车高压安全防护设计措施主要包括高压标记、高压维修断开装置、绝缘监测、高压互锁和高压自放电。

高压安全防护用具主要包括绝缘手套、护目镜、绝缘帽、绝缘工服、绝缘鞋等。

发生触电事故后，首先使触电者脱离电源，然后再进行相应的处理。触电者的呼吸和心跳均停止时，应立即用心肺复苏法进行就地抢救。

第九章

# 新能源汽车的使用与维护

## 学习目标

知识目标：1. 掌握新能源汽车的用车安全知识。
2. 掌握新能源汽车的仪表识读方法。
3. 掌握新能源汽车的控制器操作方法。
4. 掌握新能源汽车的充电操作方法。
5. 掌握新能源汽车的驾驶操作方法。
6. 掌握新能源汽车的维护保养操作方法。
7. 了解新能源汽车事故发生后的处理及救援方法。

能力目标：1. 具有对新能源汽车的使用和维护能力。
2. 具有查找维修资料、文献等获取信息的能力。

素养目标：1. 培养良好的分析问题和解决问题的能力。
2. 培养沟通能力及团队协作精神。
3. 培养 6S 管理执行力。

## 建议学时

12 个学时。

## 课程导入

现在大多数新能源汽车都是混合动力汽车和纯电动汽车，用车安全、仪表识读、控制器的操作、使用和驾驶，以及保养与维护对新能源汽车至关重要。正确的使用和维护能保证新能源汽车的正常使用，使新能源汽车处于最优的安全状态，从而实现节能减排的目标。下面我们就从新能源汽车的使用与驾驶、新能源汽车的维护保养、新能源汽车发生事故后的救援三个方面学习新能源汽车的使用与维护。

## 知识储备

### 第一节 新能源汽车的使用与驾驶

新能源汽车的使用与维护关系到汽车的使用状态和行驶安全，对汽车至关重要。掌握正确的用车安全知识、仪表识读方法、控制器的操作方法及使用与驾驶操作方法，能保证新能源汽车的正常使用。

# 一、新能源汽车的使用

## （一）用车安全

### 1. 汽车安全带

在紧急制动、突然转向和碰撞事故中，正确使用安全带能大大减少车内乘员的伤亡。无论何时，均应系好安全带。建议让儿童坐在后排座椅上并使用座椅安全带和合适的儿童保护装置。车辆上的安全带主要根据成人体型设计，不适用于儿童，因而要根据儿童的年龄和体型选择合适的儿童保护装置。

### 2. 安全气囊

安全气囊系统属于辅助约束系统的一部分，是对座椅和安全带的补充，当车辆发生较严重碰撞事故，达到系统展开条件时，安全气囊会快速展开，与安全带一起为驾乘人员的头部和胸部等提供额外的保护，以降低人员受伤的程度。

### 3. 车辆防盗

如果车辆在防盗状态下，则任一车门被打开，系统都将发出报警声，且转向灯闪烁，防止车辆被盗。

防盗状态下，防盗指示灯（见图 9-1-1）以较慢频率闪烁。正常上电后，防盗指示灯熄灭。

图 9-1-1　防盗指示灯

### 4. 双模工作系统

双模工作系统是混合动力汽车特有的系统，它含有发动机驱动与电机驱动，一种是 EV 模式（纯电动工作模式），另一种是 HEV 模式（双模动力工作模式）。

双模工作系统模式（见图 9-1-2）的切换操作方法如下：

（1）驱动模式：向前拨动 EV 按键，仪表上 EV 指示灯点亮，表示在 EV 模式，连续拨动"模式"按键，直至仪表上 ECO 指示灯点亮，进入 ECO（经济）模式，可以最大限度地节约电量。

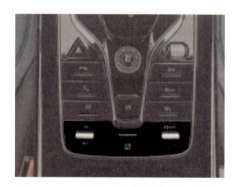

图 9-1-2　双模工作系统模式切换按键

（2）EV-NORMAL 驱动模式：向前拨动 EV 按键，仪表上 EV 指示灯点亮，表示在 EV 模式。连续拨动"模式"按键，直至仪表上 NORMAL 指示灯点亮，进入 NORMAL（普通）模式，同时兼顾舒适性与用电量。

（3）EV-SPORT 驱动模式：向前拨动 EV 按键，仪表上 EV 指示灯点亮，表示在 EV 模式。连续拨动"模式"按键，直至仪表上 SPORT 指示灯点亮，进入 SPORT（运动）模式，以保证较好的动力性能。

（4）HEV-ECO 驱动模式：向后拨动 HEV 按键，仪表上的 HEV 指示灯点亮，表示在 HEV 模式。连续拨动"模式"按键，直至仪表上 ECO 指示灯点亮，进入 ECO（经济）模式，提供最佳的燃油经济性。

| 中国力量 |

告别里程焦虑：吉利新一代混动系统的革新之旅

（5）HEV-NORMAL 驱动模式：向后拨动 HEV 按键，仪表上的 HEV 指示灯点亮，表示在 HEV 模式。连续拨动"模式"按键，直至仪表上 NORMAL 指示灯点亮，进入 NORMAL（普通）模式，提供最佳的舒适性，同时兼顾燃油经济性。

（6）HEV-SPORT 驱动模式：向后拨动 HEV 按键，仪表上的 HEV 指示灯点亮，表示在 HEV 模式。连续拨动"模式"按键，直至仪表上 SPORT 指示灯点亮，进入 SPORT（运动）模式，提供最佳的动力性能。

（7）MAX EV 驱动模式：若在电池电量较充足的情况下需要进入 MAX EV 模式，则向前拨 EV 按键并持续 3s，直到仪表上 EV 指示灯显示蓝色，此时输出功率受到一定限制，直到电量下降到较低电量时，整车将自动切换到 HEV-ECO 模式。

### （二）仪表识读

#### 1. 组合仪表

组合仪表如图 9－1－3 所示。

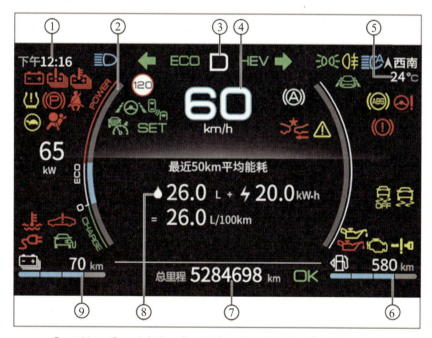

①—时间；②—功率表；③—挡位；④—车速表；⑤—车外温度；
⑥—燃油表；⑦—总里程；⑧—行车信息；⑨—电量表

图 9－1－3　组合仪表

## 2. 指示灯汇总

（1）混合动力汽车的指示灯 / 警告灯符号及其含义见表 9 - 1 - 1。

表 9 - 1 - 1　混合动力汽车的指示灯 / 警告灯符号及其含义

| 符号 | 含义 | 符号 | 含义 |
|---|---|---|---|
| ←→ | 转向指示灯 | ⊃OC | 小灯指示灯 |
| | 智能远近光灯指示灯 | | 后雾灯指示灯 |
| | 远光灯指示灯 | SPORT | 运动指示灯 |
| ECO | ECO 指示灯 | HEV | HEV 指示灯 |
| EV | EV 指示灯（绿色 / 蓝色） | OK | OK 指示灯 |
| SET | 定速巡航控制指示灯 | | 定速巡航主指示灯 |
| (A) | 自动驻车指示灯（进入待命状态，指示灯显示白色） | | 放电指示灯 |
| 100 | ACC 巡航车速 | | 盲区监测指示灯 |
| | 室外展示模式指示灯 | | TJA/ICA 激活工作状态指示灯 |
| | 室内展示模式指示灯 | NORMAL | NORMAL 指示灯 |
| | ACC 工作状态 | | ACC 待机状态指示灯（白色） |
| | 机油寿命监测指示灯 | | ACC 故障警告灯 |
| | 燃油低警告灯 | | TJA/ICA 待机指示灯（白色） |
| ⚠ | 主告警指示灯 | | 智能钥匙系统警告灯 |
| (ABS) | ABS 故障警告灯 | OFF | ESC OFF 警告灯 |
| | 排放故障指示灯 | | 驱动功率限制指示灯 |
| | 充电连接指示灯 | | 自动紧急制动指示灯 |
| (P) | 电子驻车指示灯 | | 安全带未系指示灯 |
| | SRS 故障警告灯 | | 转向系统故障警告灯 |
| (!) | 驻车系统故障警告灯 | | 机油压力低警告灯 |
| | 充电系统警告灯 | | 冷却液温度高 / 液位低警告灯 |
| | 动力系统故障警告灯 | | 动力蓄电池故障警告灯 |
| 120 | 交通标志识别指示灯 | | 动力蓄电池过热警告灯 |

（2）纯电动汽车的指示灯 / 警告灯符号及其含义见表9-1-2。

表9-1-2　纯电动汽车的指示灯 / 警告灯符号及其含义

| 符号 | 含义 | 符号 | 含义 |
|---|---|---|---|
| ← → | 转向指示灯 | ⋱OC | 小灯指示灯 |
| ≣CA | 智能远近光灯指示灯 | ⁰⊨ | 后雾灯指示灯 |
| ≣D | 远光灯指示灯 | SPORT | 运动指示灯 |
| ECO | ECO 指示灯 | ◎ | TJA/ICA 激活工作状态指示灯 |
| SET | 定速巡航控制指示灯 | ⏱ | 定速巡航主指示灯 |
| (A) | 自动驻车指示灯（进入待命状态，指示灯显示白色） | 🚗 | 放电指示灯 |
| 🚗 | ACC 工作状态指示灯 | 🚙 | 盲区监测指示灯 |
| 🚗 | 室外展示模式指示灯 | 100 | ACC 巡航车速指示灯（进入待命状态，指示灯显示白色） |
| 🛖 | 室内展示模式指示灯 | OK | OK 指示灯 |
| NORMAL | NORMAL 指示灯 | ✲✲ | 自动紧急制动指示灯 |
| ◎ | TJA/ICA 待机指示灯（白色） | 🚗 | ACC 待机状态指示灯（白色） |
| 🐢 | 驱动功率限制警告灯 | 🚗! | ACC 故障警告灯 |

### 3. 常见指示灯详解

（1）驻车系统故障警告灯：驻车情况下，当制动液位低或制动系统故障时，此警告灯点亮。

（2）安全带未系指示灯：电源挡位位于"ON"挡时，若驾驶人和乘员的安全带未扣紧，则安全带未系指示灯点亮。

（3）智能钥匙系统警告灯：按下"起动 / 停止"按键，如智能钥匙未在车内，则此警告灯点亮数秒，并且会伴随扬声器鸣响一声，显示屏会显示"未检测到钥匙，请确认钥匙是否在车内"。

（4）ABS 故障警告灯：电源挡位位于"ON"挡时，此警告灯点亮。如果防抱死制动系统工作正常，则几秒后此灯熄灭；如果系统发生故障，则此灯将再次点亮直至故障消除。

（5）SRS 故障警告灯：电源挡位位于"ON"挡时，此警告灯点亮。如果安全气囊系统工作正常，则几秒后此警告灯熄灭；如果安全气囊系统故障，则警告灯常亮。此警告灯用于监控安全气囊 ECU、碰撞传感器、充气装置、警告灯、接线和电源。

新能源汽车常见指示灯和警告灯识读

（6）胎压故障警告灯：电源挡位位于"ON"挡时，此警告灯点亮。如果胎压监测系统工作正常，则几秒后此警告灯熄灭；如果系统发生故障，则此警告灯将再次点亮。

（7）ESC故障警告灯：电源挡位位于"ON"挡时，此警告灯点亮。如果ESC系统工作正常，则几秒后此警告灯熄灭。

（8）ESC OFF警告灯：电源挡位位于"ON"挡时，此灯点亮几秒后熄灭。当"ESC OFF"开关按下时，此灯应持续点亮，此时车辆稳定性控制系统不起作用。当再次按下"ESC OFF"开关后，此灯应熄灭，且车辆稳定性控制系统功能恢复正常。

（9）转向系统故障警告灯：转向系统出现故障，此警告灯常亮。如果转向系统故障警告灯点亮，请立刻将车辆停在安全的地方。

（10）动力系统故障警告灯：如果动力系统发生故障，则此警告灯点亮。电源挡位位于"OK"挡时，此警告灯持续点亮或驾驶中此警告灯点亮，表示由警告灯系统监控的部件中某处发生故障，请勿在警告灯点亮的情况下驾驶车辆，尽快与汽车授权服务店联系检查车辆。

（11）动力蓄电池过热警告灯：如果此指示灯点亮，表示动力蓄电池温度太高，需停车降温。

（12）动力蓄电池故障警告灯：当电源挡位位于"OK"挡时，此灯点亮。如果动力蓄电池系统工作正常，则几秒后此灯熄灭；如果系统发生故障，则此灯将再次点亮；如果电源挡位位于"OK"挡时，此灯持续点亮或驾驶中此灯持续或偶然点亮，则表示由警告灯系统监控的部件发生故障，尽快与汽车授权服务店联系检查车辆。

（13）交通标志识别指示灯：该指示图标点亮时，代表系统识别到当前路段限速值。

（14）驱动功率限制指示灯：当整车动力受到限制时，该指示灯点亮。

（15）主告警指示灯：该指示灯点亮时表示应注意，信息显示区有故障提示信息。

以上都是混合动力汽车和纯电动汽车的一些常见指示灯。混合动力汽车因为包含发动系统，所以它还有一些与发动机有关的指示灯。

（1）充电系统警告灯：如果在驾驶中此警告灯点亮，表示充电系统存在故障。发动机点火能够继续进行，但是只能进行到电池放完电为止。

（2）机油压力低警告灯：当机油压力低时，此警告灯点亮。

（3）排放故障指示灯：电源挡位位于"ON"挡，此故障指示灯自检常亮。如果在其他任何时候点亮，则表示整车的某一控制系统可能发生故障。

（4）冷却液温度高/液位低警告灯：警告灯常亮时表示温度过高，需要停车冷却车辆。警告灯闪烁时表示冷却液液位低，需要及时添加冷却液。

（5）燃油低警告灯：此指示灯位于燃油表上，如果此指示灯点亮，表示油箱里的燃油存量已不多，提示用户燃油将用完，需要尽快加油。

### （三）控制器的操作

#### 1. 钥匙和防盗

（1）车辆配备的钥匙可以实现解/闭锁车门和起动车辆等功能，钥匙包括电子智能钥匙、蓝牙钥匙和机械钥匙（隐藏于电子智能钥匙中）。

①电子智能钥匙。携带电子智能钥匙（见图9-1-4）按左右前门微动开关，可以解/闭锁所有车门；还可通过智能钥匙上的按键进行车门解/闭锁、行李箱开启及遥控起动等功能。

②蓝牙钥匙。通过近距离蓝牙连接车辆，实现对车辆的控制，包含控制车门解/闭锁等。

③机械钥匙。机械钥匙（隐藏于电子智能钥匙中）可实现驾驶人侧车门的解/闭锁。不使用时，应确保将钥匙放回，盖上电子智能钥匙后盖即可。

（2）车辆的防盗分为闭锁和解锁车门。

①机械钥匙解/闭锁。将钥匙插入锁孔并转动。顺时针转动钥匙，解锁车门；逆时针转动钥匙，闭锁车门。

②智能钥匙、解/闭锁和寻车。无线遥控系统，设计用于距离车辆大约30m内可为车辆解/闭锁，以及实现附加功能。携带已登记的智能钥匙进入激活区域时，缓慢而稳固地按下钥匙上的解/闭锁按键，即可为所有车门解/闭锁。

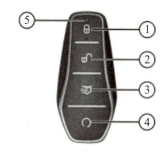

①—"闭锁"按键；②—"解锁"按键；③—"行李箱盖解锁"按键；④—"起动/熄火"按键；⑤—指示灯

图9-1-4　电子智能钥匙

寻车操作：当车辆处于防盗状态下时，按下"闭锁"按键，车辆将发出鸣响，且转向信号灯闪烁15次。当无法确认自己车辆的位置时，可使用此功能寻找车辆的具体位置。

**2. 座椅调节**

电动座椅位置调节包括整体前后、座椅高低、座盆角度和靠背角度调节。前、后移动座椅位置调节开关，可调节座椅前、后位置；上、下调节开关前端，可调节座椅座盆角度；上、下调节开关后端，可调节座椅高度位置；前、后摆动靠背角度调节开关，可调节靠背角度。

**3. 方向盘**

调节方向盘的角度或轴向位置时，可握住转向盘，进行以下操作：向下按方向盘调节手柄，将方向盘调节至需要的位置，然后将手柄恢复至原位。调节方向盘之后，需上、下移动以确认方向盘被牢固锁定。

**4. 外后视镜调节开关**

外后视镜选择按键：███左侧外后视镜按键，███右侧外后视镜按键，外后视镜调节按键███，按此按键，可调节外后视镜镜片至合适位置。电动外后视镜折叠开关███，按此按键，左右外后视镜同时折叠。

**（四）充电操作**

**1. 充电方式**

充电方式有便携式交流充电、交流充电桩充电、直流充电桩充电和智慧充电（仅限交流充电）四种。

**2. 充电模式**

智慧充电（仅限交流充电）：按照用户设置的充电时间对车辆定时充电。

立即充电：充电枪连接后即开始进行充电。

### 3. 充电方法

充电前需检查，确保供电设备、充电枪、充电口、充电连接装置等没有电缆磨损、端口生锈、壳体破裂或端口内有异物等异常情况；当供电插头／供电插座或充电枪／充电口的金属端子因生锈、腐蚀、烧蚀而造成损坏或连接松动时，请勿充电；当充电枪／充电口和供电插头／供电插座有明显污渍或潮湿时，用干燥清洁的布擦拭，确保连接处干燥、洁净。若出现以上情况，禁止充电，否则可能导致短路或电击，引发人身伤害。下雨充电时，请注意对充电装置进行保护，避免进水。

（1）便携式交流充电。

便携式交流充电如图9-1-5所示，其操作方法如下：

①解锁整车，打开充电口盖。整车解锁，按下充电口盖，充电口盖自动打开。

②打开充电口保护盖。

③连接供电口端。将随车充插头插入家用插座中，随车充上功能盒电源指示灯常亮（红色灯）。

④连接车辆接口。将随车充的充电枪（见图9-1-6）连接至充电口，并可靠锁止。插好充电枪，组合仪表充电连接指示点亮，随车充充电指示灯会闪烁（绿色灯）。充电过程中，组合仪表显示相关充电参数，同时显示充电画面。

⑤结束充电。车辆电量充满会自动结束充电。断开充电口连接，若电锁工作模式为停用防盗，则直接按下充电枪的机械按钮，拔出充电枪；若电锁工作模式为启用防盗，则需要按钥匙解锁按钮或按下门把手上的微动开关（钥匙在附近时），再按下充电枪的机械按钮，拔出充电枪。断开供电插头，关闭车辆充电口盖，将随车充放入行李箱储物盒或网兜内。

图9-1-5　便携式交流充电

图9-1-6　充电枪

（2）交流充电桩充电。

交流充电桩充电的操作方法如下：

①解锁整车，打开充电口盖。

②连接供电口端。若使用单相交流充电盒（见图9-1-7）为车辆充电和使用交流充电桩且充电桩配备充电枪，则无须此步操作；若使用单相交流充电桩且充电桩未配备充电枪，则需使用七转七充电器（见图9-1-8），使用时需将供电插头连接至充电桩上的供电插座。

③连接车辆接口。将充电装置的充电枪连接至车辆充电口，并可靠锁止，组合仪表充

电连接指示灯点亮。充电过程中，组合仪表显示相关充电参数，同时显示充电画面。

　　④停止充电。充电设备设置提前结束或电量充满车辆自动结束充电。参照家用便携式交流充电断开充电口连接。断开供电插头，若使用七转七充电器，建议先拔出充电枪，后拔出供电插头。若使用充电盒为车辆充电和使用交流充电桩且充电桩配备充电枪，则无须此步操作。关闭交流充电口盖（参照便携式交流充电断开充电口连接），整理充电设备，并妥善放置。

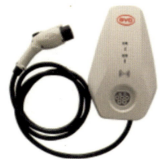

图 9-1-7　单相交流充电盒

图 9-1-8　七转七充电器

### 4. 充电口电锁控制功能

　　为防止充电枪被盗，本车充放电过程中充电口具备防盗功能，该功能为默认停用，若需要开启防盗功能，可通过多媒体触摸屏上多媒体图标进入"充电口电锁防盗"设置界面，选择"启用"开启防盗功能。

　　在"智能"模式下，用户在充电过程中可以通过以下几种方式进行解锁，拔下充电枪："OFF"挡时按智能钥匙解锁按键进行解锁、按主驾门外门把手旁边的微动开关进行解锁、按主驾门内车窗下的中控锁进行解锁，若车辆已充满电，则充电枪会自动解锁。

### 5. 充电注意事项

　　（1）任何电源挡位下都可以进行交、直流充电，为保证安全，充电前，建议退电至"OFF"挡。当外部电网短时间断电并再次供电时，充电设备会自动重新开启充电。如果充电口盖、充电枪因天气等原因导致冻住，请勿强行开启充电口盖或强行拔出充电枪。

　　（2）充电前应注意当充电口盖未解锁时，请勿强行开启充电口盖；先确保充电枪和充电口无异物，且充电枪端子的防触帽没有松动或变形；手握充电枪，将充电枪对准充电口并推入，确保充电枪插入到位。

　　（3）充电中应注意可以正常使用空调，但为保证充电功率，不建议开启空调；建议人员不要停留在车辆内；建议将车辆停放在通风处，请勿遮挡进气格栅；电池自加热工作后，仪表显示充电功率可能有短时波动，电池冷却可能会开启，压缩机、风扇等零部件按需工作，前舱会有一定的声音，这些属于正常现象。

　　（4）充电结束应注意先停止充电，并确保充电口已经解锁；手握充电枪，并按住充电枪上的按钮，拔出充电枪；请勿在充电口锁止状态下强行拔出充电枪，否则会损坏充电口；拔下充电枪后，请确保充电口保护盖及充电口盖处于闭合状态，避免水或异物进入充电端口，影响正常使用。

## 二、新能源汽车的驾驶

### （一）起动车辆

携带有效智能钥匙，在踩制动踏板的同时按"起动/停止"按钮，当仪表上的"OK"指示灯点亮时表示车辆达到可行驶状态。将挡位置于"D/R"挡位，电子驻车制动会自动释放，听到电子驻车制动系统电机的释放声音即可行驶。将挡位置于"P"挡，电源挡位处于"OFF"挡，电子智能钥匙在车内，长按起动按键15s以上可起动车辆。

### （二）驾驶车辆

驾驶过程中，能源在车辆减速时通过再生制动器得以回收，驾驶人可以通过多媒体触摸屏进入相关设置界面来完成设置，根据驾驶习惯选择相应的能量回馈模式。驾驶人可以根据自己对松加速踏板时的减速感需求自由选择回馈强度，回馈强度设定以后，具有记忆功能。

#### 1. 驾驶前的安全检查

（1）检查轮胎气压是否符合标准，车轮螺母是否松动、脱落。

（2）检查燃油、机油、冷却液或其他液体是否渗漏。

（3）检查所有的车窗玻璃、门锁、后视镜、灯光是否正常工作。

（4）检查冷却液、制动液、玻璃清洗液等液位是否正常。

（5）检查制动踏板、驻车制动器操作装置是否正常。

#### 2. 驾驶前的准备工作

（1）进入车内之前，须检查车辆四周的情况。

（2）调节座椅位置、座椅靠背角度及坐垫高度、头部保护装置高度、转向盘角度。

（3）调节内后视镜和外后视镜。

（4）关上所有的车门。

（5）系好安全带。

#### 3. 换挡操纵机构

（1）"P"挡是驻车挡，按下此按键，可实现驻车。起动车辆时踩下制动踏板，即可从"P"挡位切换至其他挡位。

（2）"R"挡是倒车挡，必须在车辆完全停止后方可使用。

（3）"N"挡是空挡，临时停车时使用此挡位。

（4）"D"挡是行车挡，正常行驶时使用此挡位。

（5）换挡成功后，手松开，换挡杆自动回到中间位置。

驻车及离车时务必保证电子驻车EPB处于拉起状态。

AVH是自动驻车功能（AUTOHOLD），在车辆需要较长时间静止等待的工况时使用，维持长时间的驻车。

### （三）驾驶辅助功能

#### 1. 定速巡航系统

定速巡航系统可以不用踩加速踏板，而保持高于40km/h的预设速度行驶。在笔直畅通的高速公路上驾驶时，可启用此功能。

### 2. 胎压监测系统

胎压监测系统是实时监测轮胎气压，提高整车行驶安全性和舒适性，并减少因气压不足造成的轮胎加速磨损和车辆能耗增加的辅助系统。

### 3. 全景影像系统

在多媒体主页点击"车辆影像"，或点击方向盘的影像按键进入全景影像画面：点击左边区域车辆图标的前方、后方、左方、右方区域，则在右边影像区域显示车辆前视、后视、左视、右视的单幅视图。慢速点击红色框区域，会在透明车体及实体车体中来回切换。车辆起动后，透明全景界面显示上次退电前的图片，此时车底及周边盲区异物可能与实际不符，需要车辆起动后车底图片才会实时更新，超过车身距离后才能更新完成。

### 4. 智能动力制动系统

智能动力制动系统是一种先进的解耦式电液制动系统，集成了真空助力器、电子真空泵及 ABS/ESC 等产品功能。智能动力制动系统可以按照驾驶人的制动需求，"按需"为车辆制动提供助力，提高车辆稳定性和舒适性，提高制动能量回收效率。

## 第二节　新能源汽车的维护保养

## 一、新能源汽车的维护保养概述

### （一）新能源汽车维护保养的定义

新能源汽车维护保养是指维持新能源汽车良好技术状况或工作能力而进行的作业。

### （二）新能源汽车维护保养的目的

新能源汽车维护保养的目的是保持车辆外观整洁，延长汽车零部件的使用寿命，减少不必要的损坏，并可及时发现和消除故障隐患，使车辆经常保持良好技术状况，保证行车安全，确保车辆具有良好的经济性，延长使用寿命。

### （三）新能源汽车维护保养的分类

新能源汽车维护保养有两种分类方法。

### 1. 根据新能源汽车维护保养作业的周期不同分类

根据维护保养作业的周期不同，可分为日常维护、一级维护和二级维护。

（1）日常维护。以清洁、补给、安全检视和电控仪表检视为作业中心内容，由驾驶人负责执行的车辆维护作业。

（2）一级维护。除日常维护作业外，以清洁、润滑、紧固为作业中心内容，并检查有关制动、操纵等安全部件，由维修企业负责执行的车辆维护作业。

（3）二级维护。除一级维护作业外，包括以检查、调整安全部件为主，并拆检轮胎，进行轮胎换位，检测调整驱动电机工作状况等基本作业项目和附加作业项目，由维修企业负责执行的车辆维护作业。

**2. 根据新能源汽车维护保养作业的内容不同分类**

根据维护保养作业的内容不同，可分为常规维护和电动系统专用装置维护。

（1）常规维护。常规维护是指为维持新能源汽车上的制动系统、转向系统、行驶系统、传动系统等机械系统（部件）及低压电气系统的良好技术状况或工作能力而进行的作业。

（2）电动系统专用装置维护。电动系统专用装置维护是指为维持新能源汽车上的高压系统及其相关附件的良好技术状况或工作能力而进行的作业。

## 二、混合动力汽车的日常维护保养

### （一）日常维护保养的注意事项

日常维护保养须确保按照正确的步骤进行。保养车辆时必须特别小心，防止发生意外伤害。以下是一些注意事项，请务必遵守：

（1）车辆部分电路和零部件带有大电流或高电压，谨防短路。

（2）如果溢出冷却液，应用干布或纸将其擦拭干净，以防损坏部件或漆面。

（3）如果溢出制动液，应用水将其冲洗干净，以防损坏部件或漆面。

（4）发动机运转时，手、衣服和工具远离运转中的风扇。

（5）刚驾驶完毕，由于发动机、散热器、排气歧管和火花塞罩等的温度都很高，须小心，切勿触摸。机油和其他液体的温度也可能很高。

（6）如果发动机非常热，则请勿取下或拧松副水箱盖，以防烫伤。

（7）如果在电子风扇或散热器栅格附近工作时，要确保整车熄火。整车上电时，如果发动机冷却液温度很高或空调打开时，电子风扇可能会自动开始起动。

（8）无论在车上或车下工作，都要佩戴护目镜，以防飞起或落下的物体或液体等进入眼中。

（9）由于制动液会损伤皮肤和眼睛，因此在加注制动液时应小心。如果制动液溅到皮肤上或眼睛中，则应立即用清水冲洗液体溅到的部位。如果仍感到手或眼睛不适，应立即到医院检查。

### （二）检查

应依照使用情况或所规定的里程，检查下列项目：

（1）冷却液液位——应在每次充电时检查冷却液副水箱。

冷却液液位在副水箱"MAX"（最高刻度线液位）和"MIN"（最低刻度线液位）标记线之间，则符合要求。不同品牌和型号的冷却液不能混合使用，应始终使用与原厂相同规格的冷却液。

（2）风窗玻璃洗涤液——应每月检查一次储液罐中洗涤液的存量，因天气不好而频繁使用洗涤液时，应在每次充电时检查液体存量。

（3）风窗玻璃刮水器——每月检查一次刮水器的状况。如果刮水器不能刮净风窗玻璃，应检查其是否有磨损、龟裂或其他损伤。

定期清洗风窗玻璃和刮片（建议1～2周一次）。建议定期刮拭刮水器（建议1～2天一次）。使用刮片刮拭风窗玻璃时，必须保持玻璃充分湿润（未下雨时，必须预先开启洗涤液喷洒玻璃）。定期更换刮水器刮片，建议半年一次。清洗风窗玻璃时必须预先抬起刮水器刮臂，具体操作方法为：进入多媒体车辆保养信息界面，开启前刮水器检修，刮水器旋转下来。抓住刮臂上端，小心提起刮臂和刮片总成。

（4）制动液液位——每月检查一次液位。制动液应依照定期保养表中规定的行驶时间与里程数进行更换。不同型号的制动液不能混合使用，务必使用与原厂相同规格的制动液。液位在储液罐"MAX"（最高刻度线液位）和"MIN"（最低刻度线液位）标记线之间，则符合要求。如果液位处于或者低于下限（MIN）标记，则需要检查制动系统是否有渗漏及制动摩擦片是否磨损。

（5）制动踏板——检查制动踏板是否操作自如。

（6）电子驻车开关——检查开关是否功能完好。

（7）电池——每月检查一次电池的状况及端子的腐蚀状况。

（8）空调系统——每周都应检查空调装置的运转情况。

定期检查发动机的散热器及空调冷凝器，清除积塞在其前表面的树叶、昆虫及尘土。在天气寒冷的月份，应至少每周起动一次空调，每次至少10min，这是为了让冷媒内所含的润滑油循环。

（9）轮胎——每月检查一次轮胎胎压。检查胎面的磨耗状况及是否嵌有异物。

在轮胎处于冷态时测量胎压，应在2.5bar左右为正常。在每次检查轮胎充气状态时，还应该同时检查轮胎有无外伤、异物刺入及其磨耗情况。若发现任何一种情况，应更换轮胎。车辆轮胎的胎面内部铸有磨耗标记，当胎面磨耗至此处时，应更换轮胎。为了使轮胎的磨耗相同及延长轮胎的使用寿命，需要10 000km进行轮胎换位，同时进行四轮定位检查调整。购买更换轮胎时，有些轮胎是"有方向性的"，这种轮胎只能向一个方向换位。若使用有方向性的轮胎，则轮胎换位时，只能前后轮对调，如图9-2-1所示。

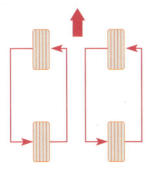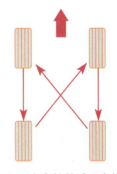

（a）有方向性轮胎及车轮　　　（b）无方向性轮胎及车轮

图9-2-1　轮胎换位

最好同时更换四个轮胎，请勿只更换一个轮胎，否则会严重影响车辆的操纵性。ABS

（防抱死制动装置）是通过比较车轮的转速而工作的。更换轮胎时，必须使用与车辆原装轮胎尺寸一致的轮胎，轮胎的尺寸及结构会影响车轮的转速，并可能导致系统的动作不协调。如需更换车轮，应确保新车轮的规格与原装车轮的规格相符。

（10）风窗玻璃除霜装置——每月都应在使用暖风装置和空调时，检查除霜装置出风口。

（11）车灯——每月检查一次前大灯、小灯、尾灯、高位制动灯、转向信号灯、雾灯、制动灯及牌照灯的状况。

（12）车门——检查行李箱盖及其他所有的车门（包括后排车门）是否开关自如、上锁牢固。

（13）喇叭——检查喇叭是否正常。

（14）发动机机油——检查发动机机油的油面高度和机油状况。

发动机机油的主要功能是对发动机的内部进行润滑和冷却，并且在使发动机保持正确工作状态的保养中起主要作用。检查机油标尺先将车辆停在水平路面上，起动发动机至正常工作温度后停机。停机10min后拆下右装饰盖板，然后拔出机油标尺，观察油面高度和机油状况，检查是否在"MAX"和"MIN"之间。根据需要加注或更换机油，插回机油标尺。

### 三、纯电动汽车的日常维护保养

日常维护保养须确保按照正确的步骤进行。保养车辆时必须特别小心，防止发生意外伤害。以下是一些注意事项，请务必遵守：

（1）车辆部分电路和零部件带有大电流或高电压，谨防短路。

（2）如果溢出冷却液，应用干布或纸将其擦拭干净，以防损坏部件或漆面。

（3）如果溢出制动液，应用水将其冲洗干净，以防损坏部件或漆面。

（4）更换刮水片时请勿让刮水器刮伤玻璃表面。

（5）无论在车上或车下工作，都要佩戴护目镜，以防飞起或落下的物体或液体等进入眼中。

（6）由于制动液会损伤皮肤或眼睛，因此在加注制动液时应小心。如果制动液溅到皮肤上或眼睛中，则应立即用清水冲洗液体溅到的部位。如果仍感到手或眼睛不适，应立即到医院检查。

其他自行保养项目请参照混合动力汽车的自行保养（除混合动力汽车的发动机机油检查外）。

## 第三节　新能源汽车发生事故后的救援

凭借污染小、低成本、噪声小等优势，新能源汽车逐渐走入越来越多的家庭。随着新能源汽车的普及，越来越多的人使用新能源汽车。新能源汽车遇到事故的正确处理方法和救援就显得越来越重要，懂得正确处理和救援将大大减少人和财产的损失。本节主要介绍新能源汽车发生电气火灾事故、碰撞事故、涉水事故后的处理及救援。

# 一、电气火灾事故的处理及救援

## （一）新能源汽车发生火灾事故的主要原因

### 1. 充放电起火

在正常充放电情况下，如果发生火灾属于动力蓄电池本身的问题，在连续的充放电过程中，动力蓄电池会缓慢释放氢气和氧气，氢气的爆炸极限比较低，如果在某个密闭空间内聚集，则遇到火源将会产生燃烧爆炸的情况。另外，动力蓄电池在充放电时，会持续地发热，如果处理不当，则随着温度的上升，可能会使动力蓄电池本身变形，造成电解液泄漏，导致短路等故障，继而发生燃烧爆炸。

### 2. 碰撞起火

新能源汽车在碰撞时，动力蓄电池会受到很大的冲击力，可能发生挤压、穿刺等现象导致短路，造成局部热集聚，燃烧起火。同时，剧烈碰撞本身也可能产生火花，在电解液等可燃物质与氧气接触时极易燃烧。整个动力蓄电池模组是由众多零部件组成的，某个小零部件在碰撞时发生移动或者破损都会导致严重的后果。

### 3. 涉水起火

当新能源汽车遇到暴雨或其他涉水情况时，动力蓄电池间的接线或者电机控制系统就会由于水或者水汽的侵蚀，造成短路，导致漏电。一旦短路，动力蓄电池的温度会迅速升高，可能引起爆炸或者燃烧。

### 4. 自燃

正常行驶条件下，新能源汽车发生火灾事故的可能性很小，但是相比传统内燃机汽车，动力蓄电池会增加新能源汽车的危险系数。现在广泛采用锂离子动力蓄电池的新能源汽车，大电流放电将导致排放大量可燃气体，而动力蓄电池的温度会随之升高，燃烧的可能性很大。

## （二）新能源汽车火灾事故的特点

### 1. 处理难度大

新能源汽车发生火灾事故后，内部动力蓄电池可能出现挤压、穿刺、损坏等情况，引发液体泄漏、燃烧，甚至爆炸，在导电介质的作用下，很容易使驾驶人或者乘员发生触电情况。对于新能源汽车来说，大多采用锂离子动力蓄电池作为储电单元，当动力蓄电池负极与空气接触后，很容易出现剧烈氧化，加大爆炸发生的概率，无形中增加了处理难度。

### 2. 灭火时间长

新能源汽车的内部结构件较多、管线错综复杂，且大部分均为可燃物，在自由燃烧状态下，火焰可持续90min左右，温度最大值可达916℃。当某一部分发生火灾后，很容易蔓延整个车厢，形成大范围的燃烧，而常规的灭火剂的灭火效果不够理想，加上座椅、护栏等物体的阻挡，难以直接灭火，因此需要花费较长的时间才能完成灭火任务。

### 3. 燃烧速度快

据调查，从动力蓄电池出现燃烧迹象到猛烈燃烧只需要 6s，且火焰的喷射距离较远，可超过 5m，在燃烧过程中还有大量喷溅物散落在周围，并产生大量醚、烯烃、烷烃等，部分物质具有毒性。例如，氢燃料动力蓄电池是将氢气储存到压力容器中，其压力达到 70MPa，一旦动力蓄电池受损导致氢气泄漏，空气中的氢气含量超过 4%、周围温度超过 85℃时便具备爆炸条件，对救援人员的生命安全构成较大的威胁。

### （三）灭火器的种类和使用方法

灭火器是用来扑灭新能源汽车初期火灾的常用工具，常用灭火器有水基型灭火器、干粉灭火器、泡沫灭火器、二氧化碳灭火器。

### 1. 水基型灭火器

水基型灭火器如图 9-3-1 所示。这类灭火器中充装的灭火剂主要是水，另外还有少量的添加剂。清水灭火器、强化液灭火器都属于水基型灭火器。水基型灭火器主要适用于扑救可燃固体类物质（如木材、纸张、棉麻织物等）的初起火灾。水基型灭火器在喷射过程中，应始终与地面保持垂直，切勿颠倒或横卧。

### 2. 干粉灭火器

干粉灭火器如图 9-3-2 所示。这类灭火器内充装的灭火剂是干粉。根据所充装的干粉灭火剂种类的不同，干粉灭火器有碳酸氢钠干粉灭火器、钾盐干粉灭火器、氨基干粉灭火器和磷酸铵盐干粉灭火器。我国主要生产和发展碳酸氢钠干粉灭火器和磷酸铵盐干粉灭火器。碳酸氢钠干粉灭火器适用于扑救可燃液体和气体类火灾，又称为 BC 干粉灭火器。磷酸铵盐干粉灭火器适用于扑救可燃固体、液体和气体类火灾，又称为 ABC 干粉灭火器。因此，干粉灭火器主要适用于扑救可燃液体、气体类物质和电气设备的初起火灾。ABC 干粉灭火器也可以扑救可燃固体类物质的初起火灾。

干粉灭火器扑救可燃、易燃液体火灾时，应对准火焰扫射；如果被扑救的液体火灾呈流淌燃烧时，应对准火焰根部由近而远并左右扫射，直至把火焰全部扑灭。如在室外，应选择在上风方向喷射，当干粉喷出后，迅速对准火焰的根部扫射。灭火过程中，干粉灭火器应保持直立状态，不能颠倒或横卧使用，否则不能喷粉。

图 9-3-1　水基型灭火器

图 9-3-2　干粉灭火器

### 3. 泡沫灭火器

泡沫灭火器如图9-3-3所示。这类灭火器中充装的灭火剂是空气泡沫液。根据空气泡沫灭火剂种类的不同，空气泡沫灭火器又可分为蛋白泡沫灭火器、氟蛋白泡沫灭火器、水成膜泡沫灭火器和抗溶泡沫灭火器等。这类灭火器主要适用于扑救可燃液体类物质（如汽油、煤油、柴油、植物油、油脂等）的初起火灾；也可用于扑救可燃固体类物质（如木材、棉花、纸张等）的初起火灾。对极性（水溶性）可燃液体（如甲醇、乙醚、乙醇、丙酮等）的初起火灾，只能用抗溶性空气泡沫灭火器扑救。

使用泡沫灭火器时，手提筒体上部的提环，迅速奔赴火场。注意不得使灭火器过分倾斜，更不可横拿或颠倒，以免两种药剂混合而提前喷出。在距离着火点10m左右处，即可将筒体上下颠倒过来，一只手紧握提环，另一只手扶住筒体的底圈，将射流对准燃烧物。注意：电气设备起火时，禁止用泡沫灭火器灭火，因为泡沫中含有水分会导电。

### 4. 二氧化碳灭火器

二氧化碳灭火器如图9-3-4所示。这类灭火器中充装的灭火剂是加压液化的二氧化碳，主要适用于扑救可燃液体类物质和带电设备的初起火灾，如图书、档案、精密仪器、电气设备等的火灾。

图9-3-3　泡沫灭火器

图9-3-4　二氧化碳灭火器

将灭火器提到或扛到现场，在距燃烧物5m左右，放下灭火器拔出保险销，一手握住喇叭筒根部的手柄，另一只手紧握启闭阀的压把。对没有喷射软管的二氧化碳火火器，应把喇叭筒往上扳70°～90°。使用时，禁止直接用手抓住喇叭筒外壁或金属连线管，以防手被冻伤。在室外使用二氧化碳灭火器时，应选择在上风方向喷射；在室内窄小空间使用时，灭火后操作者应迅速离开，以防窒息。

### 5. 灭火器的操作方法

灭火器的操作方法如下：一提，抓住灭火器把手将它正向提起来，保持竖立状态，站到上风向或侧风向，使用前将里面的液体摇匀；二拔，使用前拔下保险销（是一个金属环）；三瞄，将灭火器喷嘴对准火焰根部；四压，保持按压灭火器的开关，进行灭火。灭火器在灭火期间要保持竖立状态。

电动汽车火灾
事故的处理
方法

|创新强国|

中国科学家获
得2023年欧洲
发明家奖

## （四）火灾事故的处理

在发现新能源汽车发生火灾时，应立即停车，尽量断开汽车的电源，离开汽车，保持安全距离，远离火源，然后根据火势大小判断是先灭火还是先报警。如果火势较小，没有蔓延到电池仓，可以用二氧化碳或 ABC 干粉灭火器灭火。如果火势较大，蔓延到了电池仓，请尽快报警，动力蓄电池燃烧温度可以达到 1 000 ℃，并产生大量有毒气体，所以要尽量远离车身。及时拨打消防、交警和急救电话，等待救援报警时一定要告知起火汽车的品牌和型号，让救援人员能迅速了解汽车的具体信息。

## （五）火灾事故的救援

（1）了解事故汽车的动力蓄电池种类、容量、高压线路、车辆最高电压走向、维修开关位置等。

（2）评估事故汽车是否存在漏电、继续燃烧、爆炸的情况。

（3）监控电池是否有爆炸的危险。

（4）检查混合动力汽车的燃料情况。

# 二、碰撞事故的处理及救援

## （一）碰撞事故的处理

新能源汽车是将电能转换为动能，车辆上有较多的高压电气。如果发生汽车碰撞事故，可能会出现动力蓄电池起火、漏电等严重后果。在新能源汽车发生碰撞事故时必须要谨慎对待，尽快将汽车断电并保证人员安全，有条件的话下尽可能断开动力蓄电池及维修开关。如果是轻微碰撞，可自行检查动力蓄电池托盘边缘是否开裂，有无明显液体流出。若有漏电、漏液现象，需及时拆下动力蓄电池，及时断开各模组采样线、高压连接线，此时需及时联系汽车服务授权店由专业人员进行救援。如果汽车碰撞非常严重，可能会有着火甚至爆炸的危险，所有人员必须立即离开车辆，放置好警示牌并报警，远离车辆等待救援。

三角警告牌使用方法：将三角警告牌从包装盒中取出，组合三角警告牌为封闭的三角形，将三角警告牌支撑支架释放，如图 9-3-5 所示。

**图 9-3-5　三角警告牌**

如果发生碰撞事故，将车辆移到安全地带，执行下列操作，以降低高压电泄漏的风险：

（1）踩下制动踏板，拉起电子驻车开关。

（2）按下"P"挡按键，停止双模动力系统。

（3）如果车辆损坏严重，为避免电击，切勿触摸高电压零部件（电池组件等）或连接部件的电缆（橙色）。

（4）如果液体泄漏流入车辆的某些零部件上，切勿触摸这些液体。如果液体进入皮肤或眼睛，请立即用大量清水冲洗（最好是硼酸溶液）并立即就医，以避免重伤。

（5）如果车辆需要拖曳，请在前轮或所有四个车轮离地的情况下进行拖曳。

（6）拖曳时如果前轮着地，电机可能会继续发电，从而导致漏电。由于损坏程度的不同，可能发生火灾。

### （二）碰撞事故的救援

（1）了解事故汽车的动力蓄电池种类、容量、高压线路、车辆最高电压走向、维修开关位置等。

（2）评估事故汽车是否存在漏电、继续燃烧、爆炸的情况。

（3）监控电池是否有爆炸的危险。

（4）检查混合动力汽车的燃料情况。

## 三、涉水事故的处理及救援

新能源汽车必不可免在雨季积水路段行驶。驶入积水路段前必须判断积水深度，积水深度不得超过车身下边缘。如要涉水行驶，在汽车起步前将不必要的电气设备关掉，减速慢行，然后轻踩加速踏板且不要松脚，以稳定而缓慢的速度通过积水路段。请勿长时间将车辆停在水中。如果汽车在积水路段中间熄火，必须立即下车，离开积水路段，远离汽车，拨打报警电话等待救援。

### （一）涉水事故的处理

#### 1. 车辆涉水熄火，立刻切断电源，防止漏电、触电

新能源汽车若在积水区熄火，应立即切断电源，车内人员应该撤离到安全位置，防止人员触电或因积水过深打不开车门而被困车中。远离车辆后应打电话报警等待救援。由专业人士到场对电池和高压部件进行检测，避免内部短路引发火灾或者触电事故。即使只是轻微涉水，并未出现故障情况，新能源汽车涉水后也不可马上充电，一定要等到车辆完全晾干后再充电。

#### 2. 车辆涉水，切勿重新起动

混合动力汽车在积水路段熄火，禁止重新起动。因为混合动力汽车含有发动机系统，重新起动车辆会使水进入气缸，导致发动机受损甚至报废。

### （二）涉水事故的救援

（1）了解事故汽车的动力蓄电池种类、容量、高压线路、车辆最高电压走向、维修开关位置等。

（2）评估事故汽车是否存在漏电的危险。

（3）检查混合动力汽车的发动机情况。

（4）拖车救援注意事项：车辆发生故障需要牵引时，选择平板拖车是最佳方式。因为车辆单前轮或者单后轮着陆会对高压元件造成损害。

## 本章小结

新能源汽车的使用与维护关系到汽车的使用状态和行驶安全，对汽车至关重要。

新能源汽车的使用包括用车安全、仪表识读、控制器的操作和充电操作四个方面。

新能源汽车的维护保养根据作业的周期不同，分为日常维护、一级维护、二级维护；根据作业的内容不同，分为常规维护和电动系统专用装置维护。

掌握新能源汽车发生电气火灾、碰撞事故、涉水事故后的正确处理及救援方法，可最大程度地减少损失。

正确使用和维护能保证新能源汽车的正常使用，使新能源汽车处于最优的安全状态，从而实现节能减排的目标。

# 参考文献

［1］孙旭，陈社会. 新能源汽车概论［M］. 2 版. 北京：机械工业出版社，2023.

［2］罗英，周梅芳. 新能源汽车概论［M］. 北京：机械工业出版社，2022.

［3］邹明森，黄华. 新能源汽车概论［M］. 北京：高等教育出版社，2021.

［4］郑军武，吴书龙. 新能源汽车技术［M］. 长春：东北师范大学出版社，2018.

［5］张金柱. 新能源汽车技术［M］. 北京：机械工业出版社，2018.

［6］徐艳民. 动力蓄电池及电源管理［M］. 北京：机械工业出版社，2020.

［7］麻友良，陈全世. 混合动力电动汽车的结构与特性分析［J］. 汽车工程学报，2000（4）：20-22.

［8］崔文一，林金地. 混合动力汽车构造与检修［M］. 上海：华东师范大学出版社，2021.

［9］扈佩令，江于飞，陈友强. 纯电动汽车构造与检修［M］. 上海：华东师范大学出版社，2021.

［10］杨效军，朱小菊. 电动汽车结构与原理［M］. 北京：机械工业出版社，2018.

［11］黄经元，于晨斯. 新能源汽车高压安全与防护［M］. 上海：华东师范大学出版社，2021.

［12］简玉麟，沈有福. 电动汽车使用与安全防护［M］. 北京：机械工业出版社，2020.

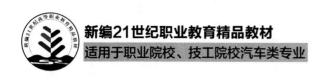

新编21世纪职业教育精品教材

适用于职业院校、技工院校汽车类专业

# 新能源汽车概论（微课版）
## 课堂实训、课后测评

主　编◎陈伟杰　甘飘迎

副主编◎卢辉辉　彭洁宇　蔺程程

参　编◎陈楷珠　梁永子　陈晓方

　　　　麦铮敏　李　敏

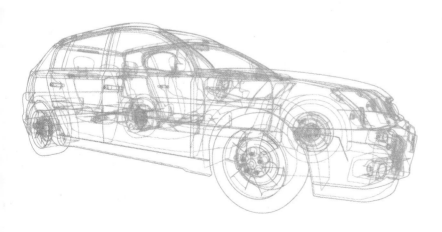

中国人民大学出版社
·北京·

# 目 录 ≫ CONTENTS

第一章

# 新能源汽车总体认知

## 课后测评

### 一、填空题

1. 新能源汽车主要包括＿＿＿＿＿、＿＿＿＿＿、＿＿＿＿＿和其他新能源汽车等。

2. ＿＿＿＿＿汽车是驱动能量完全由电能提供的，由电机驱动的汽车。

3. 大城市导致市区大气污染以＿＿＿＿＿为首要污染源。

4. "三纵"是指＿＿＿＿＿、＿＿＿＿＿、＿＿＿＿＿三条技术路线。

5. "三横"是指＿＿＿＿＿、＿＿＿＿＿、＿＿＿＿＿等电动汽车发展所需要的三个方面的关键技术。

### 二、判断题

1. 电动汽车比同类燃油车辆噪声低。（　　　）

2. 纯电动汽车的英文缩写是 HEV。（　　　）

3. 太阳能汽车主要是利用太阳能发电系统对太阳能电池进行充电，再经由汽车本身的动力单元为驱动轮提供动力，从而驱动汽车。（　　　）

### 三、选择题

1. 以下属于我国目前确定新能源汽车范畴的是（　　　）。

A. 纯电动汽车　　　　　　　　　　　B. 燃料电池汽车

C. 混合动力汽车　　　　　　　　　　D. 以上都是

2. 混合动力汽车的英文缩写是（　　　）。

A. BSG　　　　　　B. FCEV　　　　　　C. HEV　　　　　　D. BEV

3. 下列不属于新能源的是（　　　）。

A. 汽油、柴油　　　B. 太阳能　　　　　C. 核能　　　　　　D. 风能

4. 燃料电池不具备以下特点中的（　　　）。

A. 绿色环保　　　　B. 能量效率高　　　C. 低噪声　　　　　D. 燃料电池成本低

### 四、简答题

1. 简述我国新能源汽车的定义。

2. 简述我国新能源汽车的种类和技术特征。

3. 简述我国新能源汽车发展的现实意义。

# 第二章

# 新能源汽车的关键技术

 课堂实训

## 一、新能源汽车动力蓄电池及管理系统认知

### （一）准备工作

1. 2018 款吉利帝豪 EV450 整车一台。

2. 两柱举升机一台。

3. 2018 款吉利帝豪 EV450 维修手册电子版。

4. 各种主流品牌电动汽车及动力蓄电池图片。

### （二）实施步骤

1. 全班根据实际情况分成若干个学习小组。

2. 根据实车及维修手册认知 2018 款吉利帝豪 EV450，记录其动力蓄电池的基本信息，并讨论其主要特点。

3. 通过分工协作，上网搜集资料，根据所提供的各种主流品牌电动汽车及动力蓄电池图片，分析其动力蓄电池的类型，并讨论其主要特点。

4. 做好 6S 工作。

## 二、新能源汽车电机驱动系统认知

### （一）准备工作

1. 2018 款吉利帝豪 EV450 整车一台。

2. 两柱举升机一台。

3. 2018 款吉利帝豪 EV450 维修手册电子版。

4. 各种主流品牌纯电动汽车图片。

### （二）实施步骤

1. 全班根据实际情况分成若干个学习小组。

2. 根据实车及维修手册认知 2018 款吉利帝豪 EV450，记录其电机、电机控制器、减速器的基本信息，并讨论其主要特点。

3. 通过分工协作，上网搜集资料，根据所提供的各种主流品牌车辆图片，分析其驱动

电机的类型，并讨论其主要特点。

4. 做好 6S 工作。

## 检测评价

检测评价表

| 考评项目 | 分数 | 自我评价 | 小组互评 | 教师评价 | 小计 |
|---|---|---|---|---|---|
| 劳动纪律 | 10 | | | | |
| 沟通能力及团队协作精神 | 10 | | | | |
| 活动参与度 | 10 | | | | |
| 设备使用 | 5 | | | | |
| 查找维修资料、文献等获取信息的能力 | 15 | | | | |
| 任务完成情况 | 40 | | | | |
| 6S 管理执行力 | 10 | | | | |
| 总分 | 100 | | | | |
| 教师签名： | | | | 得分 | |

## 课后测评

### 一、填空题

1. 新能源汽车中的"三电"技术是指_____、_____和整车控制技术。

2. 动力蓄电池管理系统主要由_____、_____、_____、手动维修开关、热管理系统和低压管理系统等组成。

3. 电机驱动系统主要由_____、_____、_____和电机驱动冷却系统等组成，它们通过高低压线束、冷却管路与整车其他系统连接运转。

4. 永磁同步电机主要是由_____、端盖及_____等部件组成。

5. 新能源汽车采用的驱动电机主要有直流电机、_____、_____、开关磁阻电机和_____。

6. 电机控制器就是控制主牵引电源与驱动电机之间能量传输的装置，主要由_____和功率转换装置组成。

### 二、判断题

1. 市场上新能源汽车采用的动力蓄电池主要类型有锂电池、镍氢电池和铅酸电池。
（　　）

2. 动力蓄电池的主要性能指标包括电压、内阻、容量和比容量、能量及效率等。
（　　）

3.动力蓄电池管理系统主控制功能包括参数检测、剩余电量估算、充放电控制、热管理、均衡控制、故障诊断、信息监控等。（　　）

4.纯电动汽车的电机驱动系统一般位于前机舱内。（　　）

5.直流电机是输出或输入为直流电能的旋转电机。（　　）

6.三相交流异步电机是应用最广泛的电机。（　　）

7.永磁同步电机和三相交流异步电动机相比，效率高，功率因数高。（　　）

8.轮毂电机是一种车轮外部的电动机。（　　）

### 三、选择题

1.动力蓄电池的作用类似于燃油车中的（　　）。

A.发动机　　　　　B.变速器　　　　　C.燃油箱　　　　　D.以上都不对

2.属于储能电池主要性能指标的是（　　）。

A.电压　　　　　B.内阻　　　　　C.效率　　　　　D.以上都对

3.构成动力蓄电池模块的最小单元是（　　）。

A.电池模块　　　　　B.电池模组　　　　　C.电池单体　　　　　D.以上都不对

4.动力蓄电池的能量储存与输出都需要模块来进行管理，即动力蓄电池能量管理模块，也称为动力蓄电池管理系统，或动力蓄电池能量管理系统，简称（　　）。

A.BBC　　　　　B.ABS　　　　　C.BMS　　　　　D.EPS

### 四、简答题

1.简述锂电池的分类与特点。

2.简述电机驱动系统的作用。

3.简述永磁同步电机的结构与特点。

# 第三章

# 混合动力汽车

 **课堂实训**

## 混合动力汽车认知

### 一、准备工作

1. 秦 PLUS DM-i 2023 冠军版混合动力汽车一台。

2. 两柱举升机一台。

3. 秦 PLUS DM-i 2023 冠军版混合动力汽车维修手册电子版。

4. 各种主流品牌混合动力汽车图片。

### 二、实施步骤

1. 全班根据实际情况分成若干个学习小组。

2. 根据实车及维修手册认知秦 PLUS DM-i 2023 冠军版混合动力汽车，分析其混合动力汽车类型归类及依据，并讨论其主要特点。

3. 通过分工协作，上网搜集资料，根据所提供的各种主流品牌混合动力汽车图片，分析其混合动力汽车类型归类及依据，并讨论其主要特点。

4. 做好 6S 工作。

**检测评价**

检测评价表

| 考评项目 | 分数 | 自我评价 | 小组互评 | 教师评价 | 小计 |
|---|---|---|---|---|---|
| 劳动纪律 | 10 | | | | |
| 沟通能力及团队协作精神 | 10 | | | | |
| 活动参与度 | 10 | | | | |
| 设备使用 | 5 | | | | |
| 查找维修资料、文献等获取信息的能力 | 15 | | | | |
| 任务完成情况 | 40 | | | | |
| 6S 管理执行力 | 10 | | | | |
| 总分 | 100 | | | | |
| 教师签名： | | | | 得分 | |

## 课后测评

### 一、填空题

1. 目前我国主要依据汽车行业标准_____对混合动力汽车进行分类。

2. 混联式结构主要由_____、_____、_____、_____和_____五个主要部件组成。

3. 有手动选择功能的混合动力汽车可选择的行驶模式包括_____、_____和_____三种。

### 二、判断题

1. 串联式混合动力汽车中的发动机只是用于发电，不直接驱动车辆行驶。（　　　）

2. 串联式混合动力汽车适用于在市内低速运行的工况。（　　　）

3. 并联式混合动力汽车工作时发动机和电机可共同驱动或各自单独驱动车辆。（　　　）

4. 轻度混合型混合动力汽车具有能量回收功能。（　　　）

5. 外接充电型混合动力汽车可以外部充电，可以用纯电动模式行驶。（　　　）

### 三、选择题

1. 微混合型混合动力汽车中电机的峰值功率和总功率的比值小于（　　　）。

A. 5%　　　　　　　B. 10%　　　　　　　C. 15%　　　　　　　D. 20%

2. 重度混合型混合动力汽车中电机的峰值功率和总功率的比值大于（　　　）。

A. 10%　　　　　　　B. 20%　　　　　　　C. 30%　　　　　　　D. 50%

3. 比亚迪秦混合动力汽车采用的是（　　　）混动技术。

A. THS　　　　　　　B. DM-i　　　　　　　C. DHT　　　　　　　D. 雷神智擎Hi·X

### 四、简答题

1. 简述混合动力汽车的定义。

2. 简述混合动力汽车的三种驱动方式。

# 第四章

# 纯电动汽车

## 课堂实训

### 纯电动汽车认知

#### 一、准备工作

1. 2018 款吉利帝豪 EV450 整车一台。

2. 两柱举升机一台。

3. 2018 款吉利帝豪 EV450 维修手册电子版。

4. 各种主流品牌纯电动汽车图片。

#### 二、实施步骤

1. 全班根据实际情况分成若干个学习小组。

2. 根据实车及维修手册认知 2018 款吉利帝豪 EV450，分析其结构及原理，并讨论其主要特点。

3. 根据实车及维修手册认知 2018 款吉利帝豪 EV450，分析其驱动方式及依据，并讨论其优缺点。

4. 根据实车及维修手册认知 2018 款吉利帝豪 EV450，指出高压零部件安装位置。

5. 通过分工协作，上网搜集资料，根据所提供的各种主流品牌纯电动汽车图片，分析其结构和原理，并讨论其主要特点。

6. 通过分工协作，上网搜集资料，根据所提供的各种主流品牌纯电动汽车图片，分析其驱动方式及依据。

7. 通过分工协作，上网搜集资料，根据所提供的各种主流品牌纯电动汽车图片，找出高压零部件安装位置。

8. 做好 6S 工作。

## 检测评价

检测评价表

| 考评项目 | 分数 | 自我评价 | 小组互评 | 教师评价 | 小计 |
|---|---|---|---|---|---|
| 劳动纪律 | 10 | | | | |

续表

| 考评项目 | 分数 | 自我评价 | 小组互评 | 教师评价 | 小计 |
|---|---|---|---|---|---|
| 沟通能力及团队协作精神 | 10 | | | | |
| 活动参与度 | 10 | | | | |
| 设备使用 | 5 | | | | |
| 查找维修资料、文献等获取信息的能力 | 15 | | | | |
| 任务完成情况 | 40 | | | | |
| 6S 管理执行力 | 10 | | | | |
| 总分 | 100 | | | | |
| 教师签名： | | | | 得分 | |

## 课后测评

### 一、填空题

1. 纯电动汽车，是指驱动能量完全由_____提供的、由_____驱动的汽车。

2. 目前市场上的纯电动汽车的动力蓄电池有_____、_____及_____。

3. 纯电动汽车的电力驱动系统替代了传统内燃机汽车的_____和变速器，依靠_____、逆变器和_____实现车辆的驱动。

4. 纯电动汽车的驱动系统包括_____和_____两种。

5. 集中式驱动具体可以分为_____、_____和_____三种驱动系统。

6. 分布式驱动可分为_____和_____两种。

7. 秦 PLUS EV 2023 冠军版前部主要有_____；车辆后部有_____和充电接口等。

8. 吉利帝豪 EV450 的高压部件主要包括_____、高压配电箱、_____、动力蓄电池、_____、_____等。

9. 特斯拉 Model Y 的驱动单元由_____和_____组成。

### 二、判断题

1. 纯电动汽车各部件的布置具有很大的灵活性。（      ）

2. 动力蓄电池是电动汽车的动力源，是能量的储存装置。（      ）

3. 整车起动以后动力蓄电池代替蓄电池，通过 DC/DC 转换器为整车提供低压电。（      ）

4. 电缆的外部绝缘层颜色采用标准的红色。（      ）

5. 纯电动汽车除了电力驱动控制系统，其他部分的功能及其结构组成基本与传统内燃机汽车相同。（　　）

6. 集中式驱动是在传统内燃机汽车的基础上改装而来的。（　　）

7. 集中式驱动与传统内燃机汽车结构接近，用电机代替内燃机。（　　）

8. 集中式驱动电机在控制上可以实现同步控制和异步控制，实现不同转矩、速度和功率的变化。（　　）

9. 轮边电机驱动系统两侧的电机必须工作在相同的转速下。（　　）

10. 轮毂电机驱动系统是将电机直接安装于车轮内。（　　）

11. 秦 PLUS EV 2023 冠军版的八合一电动力总成降低了总成效率，使系统体积和重量都有所下降。（　　）

12. 秦 PLUS EV 2023 冠军版采用了比亚迪最新刀片电池。（　　）

13. 吉利帝豪 EV450 将车载充电机和高压配电箱集成在一起。（　　）

14. 吉利帝豪 EV450 采用了来自 CATL 的 52kW·h 三元锂电池组。（　　）

15. 特斯拉 Model Y 高压电池组由多个小电池单元通过串联和并联连接在一起，形成高压电池组。（　　）

## 三、选择题

1. 目前大多数的纯电动汽车高压电池组都是安装在车辆的（　　）。

A. 前部　　　　　　B. 后部　　　　　　C. 底部　　　　　　D. 上部

2. DC/DC 转换器将动力蓄电池的高压直流电转换为（　　）直流电。

A. 12V　　　　　　B. 24V　　　　　　C. 48V　　　　　　D. 220V

3. 特斯拉 Model Y 高压电池组由多个小电池单元组成，每个小电池单元包含（　　）个电芯。

A. 40　　　　　　B. 42　　　　　　C. 45　　　　　　D. 46

4. 秦 PLUS EV 2023 冠军版支持车载快充充电方式，利用专用的充电站（　　）min 内电量可从 30% 充至 80%。

A. 10　　　　　　B. 15　　　　　　C. 30　　　　　　D. 60

## 四、简答题

1. 简述纯电动汽车的特征。

2. 简述纯电动汽车的结构。

3. 简述集中式驱动的结构特点。

4. 简述分布式驱动的结构特点。

5. 简述秦 PLUS EV 2023 冠军版八合一电动力总成的组成。

6. 简述特斯拉 Model Y 的特点。

# 第五章

# 燃料电池汽车

## 课堂实训

### 燃料电池汽车认知

#### 一、准备工作

1. 国内外典型燃料电池汽车图片。

2. 国内外典型燃料电池汽车视频。

#### 二、实施步骤

1. 全班根据实际情况分成若干个学习小组。

2. 通过分工协作，上网搜集资料，根据所提供的各种燃料电池汽车图片、视频，分析其类型归类及依据，并讨论其主要特点。

3. 做好 6S 工作。

## 检测评价

检测评价表

| 考评项目 | 分数 | 自我评价 | 小组互评 | 教师评价 | 小计 |
|---|---|---|---|---|---|
| 劳动纪律 | 10 | | | | |
| 沟通能力及团队协作精神 | 10 | | | | |
| 活动参与度 | 10 | | | | |
| 设备使用 | 5 | | | | |
| 查找维修资料、文献等获取信息的能力 | 15 | | | | |
| 任务完成情况 | 40 | | | | |
| 6S 管理执行力 | 10 | | | | |
| 总分 | 100 | | | | |
| 教师签名： | | | | 得分 | |

## 课后测评

### 一、填空题

1.燃料电池汽车主要由＿＿＿＿＿、＿＿＿＿＿、＿＿＿＿＿＿、燃料电池升压器、＿＿＿＿＿、动力控制装置（包括 DC/AC 转换器等）等组成。

2.燃料电池汽车的优点有＿＿＿＿＿＿＿＿、＿＿＿＿＿＿＿、＿＿＿＿＿＿＿、＿＿＿＿＿＿＿等。

3.燃料电池汽车是一种用＿＿＿＿＿＿＿＿产生的电力作为动力的电动汽车。与普通的电动汽车比较，燃料电池汽车的不同在于它采用的电力来自＿＿＿＿＿＿＿＿＿＿＿＿。

### 二、判断题

1.目前，燃料电池汽车大都是以纯氢为车载氢源的。（　　　）

2.目前，常见的燃料电池汽车为纯燃料电池汽车。（　　　）

3.根据所需要的燃料不同，燃料电池汽车可分为直接燃料电池汽车和重整燃料电池汽车两大类。（　　　）

### 三、选择题

1.燃料电池汽车使用的辅助动力源主要有（　　　）等。

A.动力蓄电池　　　　B.飞轮储能器　　　　C.超级电容　　　　D.以上都对

2.新型的储氢方式指的是（　　　）。

A.金属储氢　　　　B.高压气态储氢　　　　C.低温液态储氢　　　　D.以上都不对

### 四、简答题

1.简述燃料电池汽车的工作原理。

2.简述燃料电池汽车的关键技术。

# 第六章

# 其他新能源汽车

## 课堂实训

### 太阳能汽车认知

**一、准备工作**

汉能 Solar 系列（Solar O、Solar A、Solar R 及 Solar L）全太阳能动力汽车图片。

**二、实施步骤**

1. 全班根据实际情况分成若干个学习小组。

2. 通过分工协作，上网搜集资料，根据所提供的四种全太阳能动力汽车图片，分析其结构组成。

3. 通过分工协作，上网搜集资料，根据所提供的四种全太阳能动力汽车图片，分析其工作原理及特点。

4. 做好 6S 工作。

## 检测评价

检测评价表

| 考评项目 | 分数 | 自我评价 | 小组互评 | 教师评价 | 小计 |
|---|---|---|---|---|---|
| 劳动纪律 | 10 | | | | |
| 沟通能力及团队协作精神 | 10 | | | | |
| 活动参与度 | 10 | | | | |
| 设备使用 | 5 | | | | |
| 查找维修资料、文献等获取信息的能力 | 15 | | | | |
| 任务完成情况 | 40 | | | | |
| 6S 管理执行力 | 10 | | | | |
| 总分 | 100 | | | | |
| 教师签名： | | | | 得分 | |

## 课后测评

### 一、填空题

1. 目前常用的燃气汽车有_____、_____、_____。

2. 醇类燃料主要是指_____和_____。

3. 生物柴油是指以油料作物、_____和_____油脂及动物油脂、餐饮垃圾油等为原料油，通过酯交换工艺制成的可替代石化柴油的可再生柴油燃料。

4. 太阳能汽车主要由_____、_____、驱动系统、控制器和机械系统组成。

### 二、判断题

1. 压缩天然气的主要成分是甲烷（$CH_4$），被誉为"绿色燃料"。（　　　　）

2. 燃气汽车与汽油机汽车、柴油机汽车一样，在发动机基本结构、动力传动系统基本组成及工作特性等方面具有一定的共性。（　　　　）

3. 为了确保安全使用，在液化石油气中一般加入了具有明显臭味的硫醇、硫醚或含硫化合物配制的加臭剂。（　　　　）

4. 生物柴油是一种真正的绿色柴油。（　　　　）

5. 太阳能汽车的工作原理与串联式混合动力汽车基本相同。（　　　　）

6. 太阳能汽车本质就是电动汽车。（　　　　）

### 三、选择题

1. 液化石油气汽车的典型车型有（　　　　）。

A. 途安 TSI EcoFuel　　　　　　　　B. 奔驰 E 200 NGT

C. 福特 Falcon　　　　　　　　　　D. 福特 F-250 Super Chief

2. 我国首次研制的"太阳号"太阳能汽车试验成功的时间是（　　　　）。

A. 1978 年　　　　B. 1982 年　　　　C. 1984 年　　　　D. 1999 年

### 四、简答题

简述太阳能汽车的工作原理。

第七章

# 新能源汽车充电技术

## 课堂实训

### 交流充电桩充电

#### 一、准备工作

1. 比亚迪秦 PLUS EV 2023 冠军版整车一台。

2. 交流充电桩一个。

#### 二、实施步骤

1. 全班根据实际情况分成若干个学习小组。

2. 分组利用交流充电桩对比亚迪秦 PLUS EV 2023 冠军版整车进行交流充电。

（1）将充电枪插入电动汽车交流充电接口。

（2）刷卡启动充电流程（或使用手机 App 或微信公众号扫描屏幕充电二维码启动充电）。

（3）选择充电方式（有按金额、电量、时间充电和自动充满等方式）。

（4）启动充电并查看充电状态。

（5）在充电桩屏幕上点击"结束"按钮停止充电（或使用手机 App 停止充电）。

（6）支付费用并完成充电，将充电枪归位。

3. 做好 6S 工作。

## 检测评价

检测评价表

| 考评项目 | 分数 | 自我评价 | 小组互评 | 教师评价 | 小计 |
|---|---|---|---|---|---|
| 劳动纪律 | 10 | | | | |
| 沟通能力及团队协作精神 | 10 | | | | |
| 活动参与度 | 10 | | | | |
| 设备使用 | 5 | | | | |
| 查找维修资料、文献等获取信息的能力 | 15 | | | | |

续表

| 考评项目 | 分数 | 自我评价 | 小组互评 | 教师评价 | 小计 |
|---|---|---|---|---|---|
| 任务完成情况 | 40 | | | | |
| 6S 管理执行力 | 10 | | | | |
| 总分 | 100 | | | | |
| 教师签名： | | | | 得分 | |

## 课后测评

### 一、填空题

1. 目前我国主要依据国家标准＿＿＿＿＿＿＿＿＿＿＿＿＿＿＿＿＿＿＿对新能源汽车充换电技术进行分类。

2. 新能源汽车传导充电包括＿＿＿＿＿＿＿＿和＿＿＿＿＿＿＿＿＿。

3. 按照充电方式分类，无线充电可以分为＿＿＿＿＿＿＿＿和＿＿＿＿＿＿＿＿＿。

### 二、判断题

1. 交流充电功率一般在 3～10kW 范围内，充电时间一般为 5～8h。（　　　）

2. 直流充电可短时间内完成动力蓄电池能量补充，0.2～1h 能完成动力蓄电池总能量80% 以上的电能补充。（　　　）

3. 目前电动汽车无线充电主要采用电磁感应和磁场共振两种方式。（　　　）

4. 国内最早开始谋划和布局换电站建设的整车车企有北汽新能源和蔚来汽车。（　　　）

### 三、选择题

1. 按照国家标准，电动汽车交流充电接口为（　　　）孔式。
A. 5　　　　　　B. 7　　　　　　C. 9　　　　　　D. 10

2. 按照国家标准，电动汽车直流充电接口为（　　　）孔式。
A. 5　　　　　　B. 7　　　　　　C. 9　　　　　　D. 10

### 四、简答题

1. 简述传导充电的定义。
2. 简述无线充电的定义。

# 第八章

# 新能源汽车的安全防护

 课堂实训

## 一、高压安全防护用具的检查与穿戴

### （一）准备工作

准备好绝缘手套、护目镜、绝缘帽、绝缘工服、绝缘鞋等个人防护用具。

### （二）实施步骤

1. 全班根据实际情况分成若干个学习小组。
2. 分组进行高压安全防护用具的检查。
3. 分组进行高压安全防护用具的穿戴。
4. 做好 6S 工作。

## 二、电动汽车高压标记的识读

### （一）准备工作

1. 准备好绝缘手套、护目镜、绝缘帽、绝缘鞋等个人防护用具。
2. 比亚迪秦 PLUS EV 2023 冠军版整车一台。
3. 两柱举升机一台。
4. 比亚迪秦 PLUS EV 2023 冠军版维修手册电子版。

### （二）实施步骤

1. 全班根据实际情况分成若干个学习小组。
2. 根据实车及维修手册分组进行比亚迪秦 PLUS EV 2023 冠军版电动汽车高压标记识读。
（1）高压电线标记识读：识别橙色高压电缆与线束。
（2）高压警告标记识读：识别动力蓄电池、驱动电机、高压空调压缩机等高压部件上的高压警告标记。
3. 做好 6S 工作。

## 检测评价

检测评价表

| 考评项目 | 分数 | 自我评价 | 小组互评 | 教师评价 | 小计 |
|---|---|---|---|---|---|
| 劳动纪律 | 10 | | | | |
| 沟通能力及团队协作精神 | 10 | | | | |
| 活动参与度 | 10 | | | | |
| 设备使用 | 5 | | | | |
| 查找维修资料、文献等获取信息的能力 | 15 | | | | |
| 任务完成情况 | 40 | | | | |
| 6S 管理执行力 | 10 | | | | |
| 总分 | 100 | | | | |
| 教师签名： | | | | 得分 | |

## 课后测评

### 一、填空题

1. 国家标准《电动汽车安全要求》(GB 18384-2020)第 4 点"电压等级"规定，B 级电压是指电气元件或电路的最大电压值_____以上且不大于_____或_____以上且不大于_____的电压。

2. 高压电对人体的危害可以分为_____、_____等类型。

3. 进行触电急救时首先_____，然后再进行相应的处理。

4. 发生触电事故后，若触电者呼吸和心跳均停止时，应立即用_____进行就地抢救。

### 二、判断题

1. 按国家标准，新能源汽车高压电路中电缆和线束的外皮都要使用红色高压电线标记。(　　)

2. 高压维修断开装置一般设置于动力蓄电池系统中。(　　)

3. 维修人员必须穿戴必要的安全防护用品，其耐压等级必须大于 1 000V。(　　)

4. 维修新能源汽车时，严格遵守"双人作业"安全规范。(　　)

### 三、选择题

1. 国家标准《安全电压》(GB 3805-1983)规定我国安全电压额定值的等级不包括(　　)。

A. 60V　　　　　　　B. 42V　　　　　　　C. 36V　　　　　　　D. 24V

2.国家标准《电动汽车安全要求》（GB 18384-2020）第4点"电压等级"规定，A级电压是指电气元件或电路的最大电压值（　　　）。

A. ≤ 60V（AC）(rms) 或 30V（DC）　　　B. ≤ 30V（AC）(rms) 或 60V（DC）

C. ≥ 60V（AC）(rms) 或 30V（DC）　　　D. ≥ 60V（AC）(rms) 或 30V（DC）

3.国家标准《电动汽车用驱动电机系统　第1部分：技术条件》（GB/T 18488.1-2015）规定，当对驱动电机控制器有主动放电要求时，驱动电机控制器支撑电容放电时间应不超过（　　　）。

A. 3s　　　　　　　B. 10s　　　　　　　C. 30s　　　　　　　D. 300s

4.国家标准《电动汽车用驱动电机系统　第1部分：技术条件》（GB/T 18488.1-2015）规定，当对驱动电机控制器有被动放电要求时，驱动电机控制器支撑电容放电时间应不大于（　　　）。

A. 1min　　　　　　B. 5min　　　　　　C. 10min　　　　　　D. 15min

## 四、简答题

简述电动汽车的高压安全防护设计措施。

第九章

# 新能源汽车的使用与维护

## 课堂实训

### 一、混合动力汽车的使用和维护

#### (一) 准备工作

1. 2021 款比亚迪秦 Pro 混合动力版整车一台。

2. 两柱举升机一台。

3. 2021 款比亚迪秦 Pro 混合动力版维修手册电子版。

4. 各种汽车常用工具。

#### (二) 实施步骤

1. 全班根据实际情况分成若干个学习小组。

2. 根据实车及维修手册认知 2021 款比亚迪秦 Pro 混合动力版，解 / 闭锁汽车防盗、起动车辆、使用汽车安全带、座椅调整、使用方向盘、找到安全气囊的位置、识读仪表盘、认知各种常见的指示灯、对汽车进行充电、使用车内的各种电气设备及开关。

3. 对 2021 款比亚迪秦 Pro 混合动力版进行简单的检查和维护。

4. 做好 6S 工作。

### 二、纯电动汽车的使用和维护

#### (一) 准备工作

1. 2021 款比亚迪秦 PLUS 纯电动版整车一台。

2. 两柱举升机一台。

3. 2021 款比亚迪秦 PLUS 纯电动版维修手册电子版。

4. 各种汽车常用工具。

#### (二) 实施步骤

1. 全班根据实际情况分成若干个学习小组。

2. 根据实车及维修手册认知 2021 款比亚迪秦 PLUS 纯电动版，解 / 闭锁汽车防盗、起动车辆、使用汽车安全带、座椅调整、使用方向盘、找到安全气囊的位置、识读仪表盘、认知各种常见的指示灯、对汽车进行充电、使用车内的各种电气设备及开关。

3.对 2021 款比亚迪秦 PLUS 纯电动版进行简单的检查和维护。

4.做好 6S 工作。

## 检测评价

### 检测评价表

| 考评项目 | 分数 | 自我评价 | 小组互评 | 教师评价 | 小计 |
|---|---|---|---|---|---|
| 劳动纪律 | 10 | | | | |
| 沟通能力及团队协作精神 | 10 | | | | |
| 活动参与度 | 10 | | | | |
| 设备使用 | 5 | | | | |
| 查找维修资料、文献等获取信息的能力 | 15 | | | | |
| 任务完成情况 | 40 | | | | |
| 6S 管理执行力 | 10 | | | | |
| 总分 | 100 | | | | |
| 教师签名： | | | | 得分 | |

## 课后测评

### 一、填空题

1.充电方式有＿＿＿＿＿＿＿、＿＿＿＿＿＿＿＿＿、＿＿＿＿＿＿＿＿＿和＿＿＿＿＿＿＿＿＿四种。

2.混合动力汽车有两种工作模式：一种是＿＿＿＿＿模式；另一种是＿＿＿＿＿模式。

3.根据新能源汽车维护保养作业的内容不同，可分为＿＿＿＿＿＿和＿＿＿＿＿＿。

4.新能源汽车可能会发生＿＿＿＿＿＿、＿＿＿＿＿＿和＿＿＿＿＿＿事故。

5.按充装灭火剂的种类不同，常用灭火器有＿＿＿＿＿＿、＿＿＿＿＿＿、＿＿＿＿＿＿和＿＿＿＿＿＿。

### 二、判断题

1.充电前需检查，确保供电设备、充电枪、充电口、充电连接装置等没有电缆磨损、端口生锈、壳体破裂或端口内有异物等异常情况。（　　　　）

2.电源挡位位于"ON"挡时，胎压故障警告灯点亮，如果胎压监测系统工作正常，则几秒后此警告灯熄灭；如果系统发生故障，则胎压故障警告灯将再次点亮。（　　　　）

3.为了确保车辆以最佳的工作效率行驶、减少故障发生，须按保养周期表的计划进行保养。（　　　　）

4.如果要自己进行车辆保养，可以按照自己的想法进行保养。（　　　　）

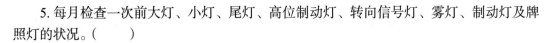

5. 每月检查一次前大灯、小灯、尾灯、高位制动灯、转向信号灯、雾灯、制动灯及牌照灯的状况。（    ）

### 三、选择题

1.（    ）挡是行车挡，正常行驶时使用此挡位。

A. N                    B. P                    C. R                    D. D

2.（    ）指的是双模动力工作模式。

A. HEV               B. EV                 C. MODE            D. SNOW

### 四、简答题

1. 简述新能源汽车的使用内容。

2. 简述混合动力汽车日常维护保养的检查内容。